FOR2

FOR pleasure　FOR life

現代佛法十人——六

洪啟嵩
黃啟霖
主編

印光

淨土宗的一代祖師

目錄

序說

雜述

開示

出版者序——一個讀者的觀點

郝明義

一

今天在臺灣，佛教是很普及的信仰。無論顯密，各門宗派，都有信眾扶持；四大山門固然如此，其他亦然。並且，即使不是佛教徒，許多人也都願意在日常生活裡親近佛法、佛經，譬如手抄《心經》。

上個世紀末，兩岸開始來往，許多對岸來訪者讚嘆中華文化的傳承在臺灣，其中也包括了佛教文化。所以，我們很容易以為從兩千五百年前釋迦牟尼說法，到一千四百年前達摩東來，再到一九四九年之後佛教在臺灣如此興盛，是一條自然的傳承之路。

事實則不然。

佛教在中國，到唐朝發展到高峰，有多種原因。一來是當政者的支持，二來有雄厚的國力，三來有出類拔萃的修行者。三者聚合，氣象萬千。

但，佛教也在唐朝經歷了滅佛的大落。其後歷代，再難有唐朝的因緣際會，也就逐漸只知固守傳統，難有可比擬的開放與創新精神進入清朝，佛教的萎靡與俗化，日漸嚴重；到了太平天國席捲半壁江山，對佛教造成進一步嚴重破壞。所以，到了清末民初之際，佛教在翻天覆地的中國已經只能在世俗化中苟延殘喘，甚至頹廢。

民初的武俠小說，寫到廟庵、僧尼，常出現一些藏污納垢的場面，可以讓人有所體會。五四運動前後，隨著全盤西化的呼聲高漲，佛教更淪為時代應該淘汰的腐朽象徵；寺產也成為各方或是覬覦侵奪、或是倡議充公興學的對象。在大時代的海嘯中，佛教幾近沒頂。

但也就在那風暴中，有些光影出現。

開始的時候，光影是丁點的，微弱的，分散的。

逐漸，光亮起來。

於是我們看到一些人物登場。

他們各有人生路途上的局限和困頓，但卻以不止歇的修行，一步步清澈自己對佛法的體認。

有人家世良好，大可走上官宦之途，卻淡泊名利，刻經講經，點燃照亮佛法的火種。

有人看盡繁華紅塵，走上自律苦行之路，成為他人仰之彌高的人格典範。

有人歷經窮困和親人死別的痛苦，在悲憤中註釋佛經，淬鍊出一家之言。

有人學歷僅至小學三年級，卻能成為「當代玄奘」。

有人穩固佛法的傳統和價值。

有人努力在現代語境和情境中詮釋修持佛法的意義和方法。

他們成長的背景不一，年齡有別，途徑有異，但他們燃燒推廣佛法的熱情如一。

在漆黑如墨的黑暗中，他們更新了過去數百年佛法一路萎靡不振的軌跡。

在狂風暴雨中，他們發出了震動大地的獅子吼。

是他們播下了種子，使佛法在接下來的戰亂年代得以繼續一路延伸支脈——直到一九四九年後來臺灣，也向亞洲以及世界開花散葉。

他們是現代佛法十人。

二

我是在一九八九年第一次看到有關這十個人的一套書。

當時，我剛接觸佛法，十個名字裡，只認識「弘一」和「虛雲」。其餘的楊仁山、太虛、歐陽竟無、印光、圓瑛、呂澂、法尊、慈航，都很陌生。

在那個對佛法的認識十分懵懂的階段，我打算先從認識的兩位開始，逐年讀一本書，認識這些人。

但時間過去了三十年，直到二〇一九年，我都只讀到第三本，認識到第三個人「太虛」而已。一方面是懶惰，總有藉口不讀；另一方面，也是因為光前三本書已經讓我覺得受用不盡。

開始的時候，我讀弘一大師和虛雲大師的書比較多。

讀弘一大師，是因為多少知道他的生平，因此對照著他紅塵繁華的前半生，讀他後半生清明如水的修行心得，當真是可以體會何謂雋永。經常一、兩句話，就能銘記在心。

讀虛雲大師，主要收穫在他的禪七開示。那真是深刻的武林祕笈，能把說起來很簡單、做起來很奧祕的心法講得那麼透徹，就算只能在門外徘徊，都覺得受益匪淺。

虛雲大師一生波瀾起伏，尤其文革時歷經紅衛兵的折磨，還能以一百二十歲圓寂，實在是傳奇。

而對第三位太虛大師，我的認識就沒那麼多。

儘管讀他的書，多年來卻一直只停留在書裡一小篇文章上。那篇文章叫〈佛陀學綱〉，是他在民國十七年一場演講內容所整理出來的，全部也不過十九頁，只占全書很小的比例。但這一小篇文章，多年來我反覆閱讀，總會得到新的提醒和啟示，又總會有新的疑問與要探究之處。

〈佛陀學綱〉，從文章標題就知道，作者要談的是每一個人如何通過學習而覺悟，向佛陀看齊的綱領。

人人皆有佛性，也就是人人皆可通過學習而讓自己的生命層次向佛陀看齊。但是太多人只想膜拜自己的上師，卻完全不敢想像自己也可能開發出有如佛陀的覺性。太虛大師講〈佛陀學綱〉，正是要提醒我們學佛的唯一目的，也解釋他所看到的途徑。

當然，多少世代的高僧大德都在做同樣的事情、多少經典在指引的都是同樣的事情，但是大約一百年前太虛大師講〈佛陀學綱〉，有格外特別之處。

《二〇〇一太空漫遊》（*2001: A Space Odyssey*）作者亞瑟．克拉克（Arthur C. Clark）說過：科幻小說的時空背景不能寫得太近，以免很快過時；但也不能太遠，以免無感。我覺得討論學佛的文章也有類似的課題：不能太通俗，以免只是對善男信女的心理勵志、道德勸化；也不能太高深，以免令人望之卻步。

〈佛陀學綱〉無論談的內容還是用的文字、抑或是概念或方法，都正好不近不遠。

我很滿足，也很忙碌，所以就停留在第三本書的這一篇文章上，一直沒有再看書裡的其他部分，當然也就更沒有動機想要再看其餘的書。

直到二〇二〇年秋天。

三

COVID-19 疫情橫掃全球，改變了每一個人的生活。

無常，成了新的常態。

社會上各個領域都在面對工作方式、生活方式的顛覆；過去穩定可靠的資源、經驗、能力，成為泡影。

我們置身一個黑暗又混亂的時代。

我相信，當外界的一切都不足恃，甚至成為干擾來源的時候，每個人都需要喚醒自己內在的覺性。

而說到覺性，當然也莫過於佛法說明的透徹。

因此我重讀〈佛陀學綱〉。也因為疫情的影響，包括差旅減免而多出時間，這麼多年來，我第一次把太虛大師那本書的其他部分也讀了。

很震撼。

震撼於太虛在書裡其他文章敘述他個人修行之路的關鍵突破時刻、他對推廣佛法種種視野與擘畫的光芒，也震撼於我自己怎麼枉守著如此寶藏三十年卻目光如豆。

我也想到：連第三本書都如此了，那其他的七本書呢？我早該認識的其他七個人呢？同樣是克拉克在他那本小說裡說的一句話：「他們身處豐饒之中，卻逐漸飢餓至死，」說的真是我。

接下來的時間，我一方面急著狼吞虎嚥這套書，一方面也決定趕快和原編者討論，看如何把這套早已絕版的書重新出版。

四

《現代佛法十人》是洪啟嵩和黃啟霖兩位編者在一九八七年出版的書，原始書名是「當代中國佛教大師文集」。

去年讀這個系列，瀏覽十個人的身影，他們雖然都是對佛法有堅定不移的信念，但因為各自成長背景不同、行動的途徑也不同，著眞在大時代裡形成了雄偉的交響樂，也各自展現了不同的力量。

楊仁山，出身於官宦世家，科舉功名就在手邊的人，卻因為偶遇一部《大乘起信論》走上終身護持、推廣佛法的路。他沒有出家，卻以自己的人脈和資源，在國內融會譚嗣同、章太炎等一時之選的學者參與佛法討論；在國際進行佛經的交換出版，以及佛教文化的國際交流。

他的「祇洹精舍」雖然只辦了短短兩年時間，就學的人數也只有僧俗十來人而已，但其中太虛和歐陽竟無兩位，分別為清末民初的出家學僧和在家佛教學者打開了新路，對接下來佛教的發展有決定性的影響。

在最深的黑暗中，最小的光亮最燦爛。楊仁山讓我見識到什麼是星星之火的力量。

太虛大師，小楊仁山大約五十歲。

他的家庭背景和成長之路，和楊仁山完全不同。自幼父親去世，母親改嫁，和外祖母一起生活長大，後來去百貨行當學徒。

太虛在十六歲出家。但出家的源起，並不是因為對佛法的渴望，而是因為當學徒的時候看了許多章回小說，仙佛不分，想要求神通。

幸好出家後得有親近善知識的機緣，走上真正佛法修行之路，終於在有一天閱讀《大般若經》的過程中，大徹大悟。

而太虛難得的是，有了這樣的開悟，他本可以從此走上「超俗入真」之路，但他卻反向而行，「迴真向俗」，要以佛學救世，並且實踐他「中國佛教亦須經過革命」的宏願。

他接續楊仁山辦祇洹精舍的風氣，持續佛學研究；創辦武昌佛學院，帶動佛教舉辦僧學的風氣；創立「世界佛教聯合會」，首開佛僧去歐美弘法的紀錄。

太虛有許多弟子，法尊、慈航都是。印順法師也是。

太虛大師讓我看到：一個已經度過生死之河的人，重新回到水裡，力挽狂瀾的力量。

歐陽竟無，比太虛大師略為年長，大十八歲。

他也是幼年喪父，家境清寒。但他幸運的是有一位叔父引領他求學，博覽經史子集，旁及天文數學。

清廷甲午戰敗後，歐陽竟無在朋友的引介下，研讀《大乘起信論》、《楞嚴經》，步入佛學，從此決心以佛法來救治社會。

他一生孤苦，接連遭逢母、姊、子、女等親人死別之痛，因而自述「悲而後有學，憤而後有學，無可奈何而後有學，救亡圖存而後有學」。

歐陽竟無因為在祇洹精舍就學過，楊仁山去世時，把金陵刻經處的編校工作咐囑於他。後來國民革命軍攻南京，歐陽竟無在危城中艱苦守護經坊四十天，使經版一無損失。

歐陽竟無不只奔走各方募資刻印經書，也在蔡元培、梁啟超、章太炎等人協助下成立支那內學院，與太虛大師所辦的武昌佛學院齊名，對近代中國佛教有著重大的影響。

歐陽竟無最讓我嚮往的，是梁啟超聽他講唯識學的評語：「聽歐陽竟無講唯識，始知有真佛學。」

後文將提到的呂澂，是歐陽竟無的傳人。

歐陽竟無，讓我看到一個人力撐巨石，卻仍然手不釋卷的豪氣。

虛雲大師的一生都是傳奇。

早年家裡一直阻撓他出家，他逃家兩次，到十九歲終於落髮為僧，進入山裡苦行十四年。接著他遇見善知識，指點他苦行近於外道，這才走上真正依據佛法修行之路。

他參訪各地，不只行遍中國，進入西藏，還翻越喜馬拉雅山，到不丹、印度、斯里蘭卡、緬甸等地。

五十六歲那一年，虛雲要去揚州高旻寺參與打十二個禪七的職事，途中不慎落入長江，差點送命，結果傷後無法擔任職事，只能參加禪七。

但也在這次禪七中，虛雲徹悟，出家三十七年後，終於明心見性。他悟後作偈：「燙著手，打碎杯，家破人亡語難開。春到花香處處秀，山河大地是如來。」從此他的修行又是另一番境界。

太虛著眼推動的是整體僧伽制度的革新，而虛雲則是聚焦在自己親自住持的寺廟進行該有的重建和整頓，掃除當時寺廟迎合世俗的陋習，同時進行傳戒、參禪、講經，以正統佛法來培養弟子。

而虛雲最特別的是：他一人兼了禪宗五門法脈，所以是不折不扣的禪宗大師。

讀虛雲大師談參禪的文字，他簡潔有力的言語躍然紙上，完全可以體會何謂「當頭棒喝」。虛雲大師還有個傳奇，就是他到一百二十歲才圓寂。這還包括他在文革時曾經遭受紅衛兵四次毒打的經過。

虛雲大師展現的是一種在八方風雨中，衣帶不沾漬污的功力。

弘一大師生於一八八〇年。他的生平，大家耳熟能詳。

他前半生的風花雪月，造成他出家後對自己修行的要求也異於一般。他出家之後，「不收徒眾，不作住持，不登高座」，並且總是芒鞋破衲，飲食、起居上也是極其刻苦。中文「嚴以律己」，用在弘一身上是最好的例子。

出家人本來毋須用「風骨」來形容，但是看豐子愷等人和弘一大師的來往，看他孑然獨行的身影，總不能不想到這兩個字。

偏偏這位看來行事最不近人情的弘一大師，我相信應該也是現代佛法十人裡最為人熟知的一位。因為他廣結善緣，為人書寫偈語、對聯。

弘一在出家後，本來準備拋棄一切文藝舊業，但接受了書寫佛語來為求字人種下淨因的建議，重新提筆，也因而有了自己弘法的無上利器。

今天中文世界裡的人，無論是否學佛，總難免接觸、看過弘一大師留下或者與佛法直接相關，或者間接有關的偈語、對聯。

我自己每隔幾年就會看到他寫的一句話要，背誦一陣。像最近，就是他的「一生求佛智，精進無異念」。太虛大師對弘一大師的讚嘆是：「以教印心，以律嚴身，內外清淨，菩提之因。」

弘一大師有律宗第十一代世祖之美譽。

我看他的身影，像是單衣走在冷洌的風雪中，手中卻提了一個始終要給人引路的燈籠。

弘一大師獨來獨往，卻說有一個佩服的人，甚至親白寫信給他，說「願廁弟子之列」。

這人就是**印光大師**。

印光生於一八六一年，早年也有兩次逃家出家的紀錄；但和弘一不同的是，印光有淨土宗第十三代祖師之稱。

和弘一相同的是，印光也不喜攀緣結交，不求名聞利養，始終韜光養晦，並且一生沒為人剃度出家，也沒有名定的弟子傳人。

印光大師相信念佛往生淨土法門，是「一法圓賅萬行，普攝群機」，所以一生專志念佛法門，開示常說的話就是「但將一個死字，貼到額頭上，掛到眉毛上」。

但這麼一個但求與世遠離，把修行純粹到極點的人，卻並不是與世隔絕。

一九二三年，江蘇省提出要以寺廟興學的政策，當時六十多歲的印光大師就為了保教護寺，不遺餘力地奔走呼籲，扭轉危機。

並且，他一生省吃儉用，信眾給他的奉養，全都用來賑濟飢民，或印製佛書流通。

印光大師八十歲圓寂之時，實證「念佛見佛，決定生西」。

印光大師顯示的是精誠所至，開山鑿石的力量。

圓瑛大師生於一八七八年，略長於太虛。

圓瑛和太虛曾經惺惺相惜，義結金蘭。兩人雖然都有志於對當時的佛教進行改革，可後來步伐不同。太虛主張銳進改革，而圓瑛則主張緩和革新。

不過這絕不是說圓瑛的行動比較少。

民國建立後，兩次所謂「廟產興學」的風波，都因為圓瑛在其中扮演關鍵性角色而度過危機。

一九二〇年代，圓瑛就到東南亞各國弘法，還曾來過臺灣。

一九三〇年代，對日抗戰期間，圓瑛擔任中國佛教會災區救護團團長，組織僧侶救護隊，輾轉於各地工作，也再赴東南亞各國募款以助抗日，回上海後還一度被日本憲兵隊逮捕。

圓瑛大師博覽群經，禪淨雙修，沒有門戶之見，自稱「初學禪宗，後則兼修淨土，深知禪淨同功」，尤其對《楞嚴經》的修證與講解有獨到之處，有近代僧眾講《楞嚴經》第一人之稱。

圓瑛大師顯示的是穩定前行，無所動搖的力量。

呂澂生於一八九六年，是歐陽竟無的弟子。

一九一一年，當歐陽竟無擔任金陵刻經處編校出版工作時，當時就讀南京民國大學經濟系的呂澂常去購買佛書，因而結緣。後來呂澂退學之後，一度去歐陽竟無開設的研究部研讀佛法，再去日本短暫研讀美學後，回國擔任教職。

一九一八年，呂澂受歐陽竟無之邀，協助創辦支那內學院，從此遠離世俗，專心於佛學研究與教學。到支那內學院正式創立，歐陽竟無擔任校長，呂澂擔任學務主任，與當時太虛大師所創辦的武昌佛學院，形成為兩大佛教教育中心。

歐陽竟無對楊仁山執弟子之禮，呂澂又是歐陽竟無的弟子，三代薪火相傳，不只是佳話，也是時代明炬。

呂澂從此一直陪伴歐陽竟無，除了度過北伐軍占領內學院的危機，抗戰時期還把內學院藏書與資料遷移到四川。歐陽竟無去世後，呂澂繼任院長。直到中共取得政權後，一九五二年內學院才走入歷史。

呂澂智慧過人。他自修精通英、日、法、梵、藏、巴利語，研究佛學的視野寬廣，當時無人能及。也因此，呂澂的譯著和著作俱豐；不但能寫作入門書籍，也能有深入研究的專門論述，解決許多佛教遺留的歷史問題。

因為呂澂字「秋子」，歐陽竟無也稱他為「鶖子」。「鶖子」是釋迦牟尼佛十大弟子中智慧第一的舍利弗的華文譯名。

呂澂讓人看到燦爛奪目的火炬之美，與力量。

法尊法師生於一九〇二年。

法尊留給後人的也是驚異與讚嘆。

他本來只有小學三年級的學歷，出家後成為太虛大師創辦的武昌佛學院第一期學僧，之後他不畏艱險去西藏留學十二年，讓自己的藏文造詣登峰造極，經論也通達顯密，因而有「當代玄奘」之譽。

法尊法師對漢藏文化交流的貢獻，不是單向的。他不只是從藏文翻譯了重要譯作如《菩提道次第廣論》、《密宗道次第廣論》、《宗喀巴大師傳》等書，尤其值得一提的是他花了四年時間，把兩百卷的《大毘婆沙論》從漢文譯為藏文。

雖然他原訂要再譯為藏文的一百卷《大智度論》並沒有進行，但光是把《大毘婆沙論》從漢文譯為藏文已經是不滅的事蹟。

法尊法師讓人看到像是一個人在巨大的冰山前，融冰為水的力量。

慈航法師生於一八九五年，也是太虛大師的門下。

他家境貧寒，父母早逝，跟人學習縫紉，因為常去寺院縫僧衣，羨慕出家人，因此起了出家的念頭。

但因為他沒讀過什麼書，所以出家十多年，還沒法讀懂佛經。後來，他發憤苦讀唐大圓編撰之《唯識講義》，自修多年終於精通唯識。

之後，慈航法師跟隨太虛大師至各處弘法，從中國而南洋各地。尤其一九三九年之行，太虛大師返國後，慈航法師繼續在南洋弘法十多年，所到之處，皆倡議創辦佛學院、佛學會。

一九四七年太虛大師圓寂後，慈航法師用「以佛心為己心，以師志為己志」來表達他對太虛大師「人間佛教」的追隨及實踐。

到一九四八年，慈航則決定來臺灣開辦佛學院，是當時來臺灣傳法的先行者。在那個年代，這條路當然有風險。因為從大陸來投靠慈航法師的學僧多起來，他一度被舉報匪諜而被捕。

慈航法師出獄後繼續在臺北日夜開講不同的佛經，感動多方發心捐助成立彌勒內院，禮請慈航法師主持，而終於使他和大陸來臺學僧都得到安頓。

慈航法師講學內容包括《楞嚴經》、《法華經》、《華嚴經》、《成唯識論》及《大乘起信論》等諸經論，使得彌勒內院成為一時最具影響力的佛學教育中心。

一九五四年，慈航法師於關房中安詳圓寂。他示寂前要求以坐缸安葬，五年後開缸。而五年後大眾遵囑開缸，見其全身完好，成就肉身菩薩。

慈航法師讓人見識到水滴成流，匯流出海的力量。

五

感謝洪啟嵩和黃啟霖兩位佛弟子在當年就有識見與能力，收納、編輯了這十個佛教關鍵人物的文集。

三十年來我以讀者身分受益，今天很榮幸有機會以出版者身分為大家介紹《現代佛法十人》。

希望大家也都能找到屬於自己的啟發。

《現代佛法十人》編者新序

洪啟嵩

一切故事，開始於兩千五百年前，佛陀在菩提樹下的悟道。

佛法是什麼？佛法即是緣起法，這是佛陀在菩提樹下，所悟的真諦實相，淨觀法界如幻現空，行於世間而無所執著，即是中道。

佛法是法界實相，非三世諸佛所有，佛法超越一切又入於一切。正因為佛法的空性、無執，使其在傳播的過程中，柔軟地和不同時空因緣結合，呈現出豐富多元的覺性風貌。

佛陀對一切文字平等對待，鼓勵以方言傳法，歡喜大家使用各自的語言情境習法。如《五分律》中說：「聽隨國音讀誦，但不得違失佛意。」

因此，讓諸方文字的特性，成為覺的力量，以「文字般若」導引「觀照般若」而成就「實相般若」，才是佛陀的原意。對於佛陀而言，能開悟眾生的就是佛陀的語言。在漢傳佛教浩瀚廣博的經藏法要中，我們看到這個精神的具體實踐。

而其中所謂成為「文字般若」的語言，必須具有三種特性：一、準確性，能傳持佛法依準其意而不失。二、鏡透性：能鏡透佛法體性，將其實相內義清明鏡透。三、覺動性：精準其語，鏡透於義，並能成為驅動眾生自覺自悟的力量。

漢傳佛教中，對這樣的「文字般若」特性，一直保持著良好傳承。這可以從三個面向來談：

一、漢傳佛教擁有最悠遠長久而無中斷的傳承。

相對於中國佛教，印度佛教的傳承是最原始的，但可惜在一二〇三年傳承中斷了。而斯里蘭卡從阿育王子摩哂陀於西元前二四七年，將佛法傳入之後，雖然也有很長的歷史，但可惜於十六世紀受到葡萄牙、荷蘭等殖民而中斷過。而漢傳佛教是長遠不斷並且對於教法能清楚明記。

二、漢傳佛教擁有世界佛教教法的總集，有著最完整的般若文本。

如大乘佛教中，龍樹菩薩最重要修法傳承的《大智度論》百卷及部派佛教中說一切有部最完整重要的論本《大毘婆沙論》兩百卷，梵本皆已佚失，只剩下漢文傳本。而漢傳佛教擁有各部派與大乘佛教的最完整文本。

三、漢傳佛教擁有佛法開悟創新的活泉。

唐代對佛法的會悟闡新，可視為漢傳佛教開悟創新活泉的代表。如六祖慧能所開啟的南宗傳承，直到當代世界依然傳持不斷，前期如有世界禪者之稱的鈴木大拙，及近期的越南一行禪師，皆出於南宗臨濟禪門，在世界上有其強大的影響。而在《現代佛法十人》系列的大師們，更讓世人明見，在清末民初全球動盪的大時代，為了紹承佛法，守護眾生慧命，摩頂放踵、為法忘軀的大師身影。

*

佛教自宋、元、明、清以來，成長已成停滯，甚至每況愈下；尤其明、清以降，只知固守傳統，失去了佛法的開創精神，日益衰微。到了咸豐初年到同治年間更受到太平天國的致命打擊，幾至滅亡。因為太平天國諸王雖不精純於基督教的純正信仰，卻能在「消滅異端」上發起絕然的聖戰。太平天國攻克六百餘座城市，勢力遍及十八省，這些以中國東南一帶為主的地區，原是清朝佛教的精華區域，結果卻在奄奄一息中又受到了致命的打擊。

如此來到清末的大變局，佛教相當於遭逢人時代的海嘯，不只無法適應，更幾至崩解。

就外部而言，在時代環境求新求變的要求下，佛教淪為老舊的象徵；而匹夫無罪懷璧其罪，歷代累積而來的龐大寺產，也成為社會覬覦、侵奪的對象。因此自清末以來廢教之議屢見呼籲；而「廟產興學」，也在清末、民初成為政府與民間名流所流行的口號。此時的寺院不僅傳教無力，甚至連生存都成了問題。

就內部而言，佛教秉持著歷來的殘習，失去了佛法的內在精神與緣起妙義的殊勝動能，只知抱殘守缺，但以儀式為師。明、清以來，佛教的頹敗、陳腐與俗化，以及對時勢潮流與大眾需求的蒙昧，此時更達到極點。然而，也就在這種波瀾壯闊、風雲萬端的時代裡，漢傳佛教出現了一些偉大的英雄人物。他們認知到佛教必須另開新局，力挽狂瀾。

偉大的宗教心靈是社會的最後良心，也是生命意義的最終指歸。

因此在一九八七年，我和黃啟霖第一次編纂這套書的時候，首先是因為站在那個時刻反省佛教和當代文明的互動時，回首上世紀初那些人物曾經走過的路程，對他們示現的氣魄與承擔，深有所感。

所以我們選擇了十位對當代佛教影響深遠的大師文集，編輯出版，呈現出他們在風雨飄搖的時代，波瀾壯闊的風範；也因而可以讓後世的佛教徒認知他們做過的努力，進而呼應他們的召喚，為佛法傳播的歷史進程盡一份心力，幫助一切生命圓滿覺悟。

這就是我們編纂《現代佛法十人》這套書的根本動機。

＊

在本系列中，我們選取了楊仁山、太虛、歐陽竟無、虛雲、弘一、印光、圓瑛、呂澂、法尊、慈航等十位大師，作為指標人物。

這十位大師各有其重要的貢獻及代表性。

一、楊仁山：被譽為「現代中國佛教之父」，開創了當代佛教研究新紀元的劃時代大師。

二、太虛：提倡人生佛教，發揚菩薩精神，開創佛教思想新境界，允為當代最偉大的佛教大師。

三、歐陽竟無：窮真究極，悲心澈髓，弘揚闡述玄奘系唯識學，復興佛教文化不世出的大師。

四、虛雲：修持功深，肩挑中國佛教四眾安危，不畏生死，具足祖師德範，民國以來最偉大的禪門大師。

五、弘一：天才橫溢，出格奇才，終而安於平淡，興復律宗，民國以來最偉大的律宗大師。

六、印光：孤高梗介，萬眾信仰，常將死字掛心頭，淨土宗的一代祖師。

七、圓瑛：宗教兼通，保寺護教，勞苦功高傳統佛教的一代領袖。

八、呂澂：承繼歐陽唯識，自修精通英、日、法、梵、藏語，民國以來佛學學力無出其右的大師。

九、法尊：溝通漢藏文化，開創中國佛教研究新眼界的一代佛學大師。

十、慈航：以師（太虛）志為己志，修持立學，開創臺灣佛教新紀元的大師。

十人中以楊仁山為首，是因為在傳承上，民國以來的佛教界，有兩人系最受到海內外的重視，也發生最大的影響。

其一是以太虛為中心的出家學僧，法尊、慈航都是太虛的弟子。

其二是以歐陽竟無為中心的在家佛教學者，呂澂是歐陽竟無的弟子。

而太虛與歐陽竟無皆同從學於楊仁山的金陵祇洹精舍，也可說同出一系。所以對近代中國佛教深有研究的美國學者唯慈（Holmes Welch），稱楊仁山為「現代中國佛教之父」。

而虛雲、弘一、印光與太虛同稱民初四大師；圓瑛長於太虛，並曾相與結為兄弟，雖然其後見解各異，圓瑛仍為傳統佛教的一代領袖。

這樣就可以理解這十位大師在漢傳佛教歷史上的重要地位。

如果再延伸來到臺灣的法脈，他們的影響力就更清楚了：

聖嚴法師系出東初禪師，而東初是太虛的弟子。

星雲法師曾就讀於焦山佛學院，當時學院的院長是東初禪師。

證嚴法師系出印順長老，而印順是太虛的弟子，並受戒於圓瑛法師。

惟覺法師系出靈源長老，而靈源是虛雲大師的弟子。

＊

一九八七年編輯這套書的構想，到今天我們依舊感受鮮明。

臺灣佛教承受民初這些大師的因緣，有了極大的發展，在世化的推廣上，也十分蓬勃。但是當前人類和地球都面臨嚴酷的生存課題，太空世紀也即將開啟新的挑戰，所以我們深信唯有佛法能為這些課題和挑戰開啟新的覺性之路，也深信今天的佛教徒要在內義與實證上都開創出更新的格局。

也正因為漢傳佛教特有的歷史傳承，站到這個新的時代關鍵點上，所以在此刻回顧這十位大師的精神和走過的路，格外有意義。

我們一方面向這些大師所做的傳承致敬，也祈求透過閱讀他們的文字與心得，能讓自己從佛法中悟入更高遠的修證，能在人類、地球、未來最關鍵的時刻裡，找到可以指引新路的光明，也是新的覺性文明！

在此特別感謝郝明義先生，在其倡議下，重新出版這套《現代佛法十人》文集，承繼與呼應新時代的佛法精神。新版的《現代佛法十人》，加入大師們的生平簡傳，並在每篇文章、書信都註明原始出處，並統一重新設計、排版、標點。

《現代佛法十人》的出版，除了向十位大師致敬，也希望這套書能成為現代人覺性修行之路的新起點。

以身證教化僧俗——印光大師

孤高梗介，萬眾信仰，常將死字掛心頭，淨土宗的一代祖師

印光出生於一八六一年，陝西合陽陳村人，俗家姓趙，名紹伊，字子任，出家名聖量，字印光。別號常慚愧僧。是近代著名的淨土宗高僧，淨土宗第十三代祖師。

他一出生即患有眼疾，常處於黑暗不能視，後才病癒。年幼聰慧，隨兄長熟讀儒書，自以孔孟之道為任，受韓愈、歐陽修等大儒闢佛思想影響，當時也跟著批判佛教。至十五歲後，因病所困數年，省思闢佛言論，並讀佛經，始悟前非，於是回心向佛。

二十一歲時，逃家至終南山五台蓮華洞寺，禮道純和尚為師，並請剃度出家。長兄追至，要他回家辭別父母再出家，於是便歸家，但就被禁足，經八十餘天後，利用長兄不在，拿著僧服再次逃家。

逃家的印光後來安單於湖北蓮華寺，任知客僧，並行苦役，擔任劈柴燒柴的柴頭、挑水燒水的水頭，也代理庫房整理管理之庫頭。有一天，在幫忙整理攤曬經書時，看到《龍舒淨土文》殘本，方知有念佛往生淨土法門，是「一法圓賅萬行，普攝群機」，這對他日後宏揚淨土法門，起了決定性的影響。

次年，到陝西興安雙溪寺印海定律師處受具足戒。在戒期中眼疾復發，於是一心念佛日夜不輟，幸蒙佛加持，戒期圓滿後，眼疾又癒，從此更加堅信念佛功德不可思議，甚至認為念佛可治眾病。因此之故，往後印光大師無論自行、化他，都以淨土法門為依歸。受戒後，回終南山太乙峰潛修，以專心念佛讀經為業，愈覺念佛法門更契群生之心。

一九〇九年，太虛就讀祇洹精舍，半年後精舍停辦，因而轉至普陀山法雨小學任教，期間曾親近印光，與之詩文酬唱，深得印光讚許。然十餘年後印光對太虛推動「整頓僧伽制度」不以為然，但也不礙兩人之情誼。

印光一生勤儉節用，悲濟群生，信眾供養資糧，悉皆代為廣種福田，或用於流通經籍，或用以救濟飢貧。其先後在上海、蘇州創辦弘社，二十餘年來所印佛書有百餘種，數量約不下四、五百萬冊、百萬餘幀的佛像，因此受法益者眾多。

六十二歲時，江蘇省提出寺廟興學的政策，引起佛界嘩然。大師為保教護寺，不遺餘力地奔走呼籲，方得扭轉危機。

一九三八年，七十七歲時，印光大師移錫靈巖山寺安居。由於年事已高，上山方滿三年便示寂，一九四一年十一月四日凌晨，從床坐起而說：「念佛見佛，決定生西。」言訖，大聲念佛，二時十五分，索水洗手畢，起立自言：「蒙阿彌陀佛接引，我要去了，人家要念佛，要發願，要生西方。」說完，即移坐椅上，面西端身正坐，近五時，在大眾念佛聲中，安詳西逝，享壽八十，僧臘六十。火化荼毘後得五彩舍利無數，令見聞者生起無比的信心。

重要著述及傳人

關於印光的著作，大致包含兩大類，一是印光大師親選的作品，一是弟子為其摘錄、編輯之言說，或圓寂後撰述的追悼文字。現已收編成七冊本的《印光大師全集》。

現今留存《印光大師全集》，其中前三冊是印光親撰作品，即第一冊《印光大師文鈔》（增廣正編），第二冊《印光大師文鈔續編》（第二編），第三冊《印光大師文鈔三編》（外集）。

印光生前重刊或主持修訂的典籍，出版流通影響甚大，如《淨土五經》、《安士全書》、《淨土十要》、及四大名山志之修訂，雖非其著作，但可見保留文化與應俗教化之用心。

印光一生未為人剃度出家，也未有名定的弟子傳人，但在其道德行證的教化下，諸多大德皆師法之。弘一大師曾說：「朽人於當代善知識中，最服膺者，惟光法師，前年嘗致書陳情，願廁弟子之列。」又指示弟子：「現今修持，求其機理雙契，利鈍咸宜。易行捷證者，是在淨土法門。可閱《印光法師文鈔》及《嘉言錄》，尤其是嘉言分類易閱，開端之處如覺難領會，不妨從中間較淺顯處先閱。」可見弘一對印光大師之尊崇。

近代居士之中，以高鶴年、范古農、李炳南等受其影響最深，李炳南創辦台中蓮社，弘揚淨土法門，深受信眾崇敬，對光復後的臺灣佛教有巨大的影響，其弘揚淨土的思想方法，即承襲和發揚印光思想與精神而成的。

對佛教的貢獻——用身證度化僧俗

中國近代高僧之中，印光專弘淨土，被稱為淨宗土第十三代祖。而他在整個大時代中，可說是十分特別的典範，為人景仰。

首先，印光始終韜光養晦，不喜攀緣結交，不求名聞利養，惟有精勤念佛，專注用心，以期證得念佛三昧，如是精進不放逸，為眾信士崇敬。開示常以「但將一個死字，貼到額頭上，掛到眉毛上」之言，自警策勵專志念佛之心。

綜觀其一生專志念佛法門，亦深入經教，又能融入通俗來教化，其講述淨土念佛之理，深入淺出，易懂易行，故在社會上有廣大信徒隨其教行，弘揚淨土，而其著作皆是必讀必研之典籍。

其臨教難時，衛教心切，擇善固執，絕不讓人；遇天災時，捨一切信眾所供資用，救急布施。雖不同於太虛對內部僧伽作改革之言之行，甚至還認為整理僧伽制度是無用的新花樣，但這並非代表他不知道傳統佛教內部的問題，只是認為與其外塑不如內行以立標杆，例如他對大醒法師說：「你就是罵死了他們，他們仍舊不能把叢林改好，罵之無益，枉造口業。」可見其所期望且願行的是透過身證來度化僧俗、導正風氣，是保守派與革新派皆尊崇的大師。

印光大師從眾人無上的崇仰中抽離出來，以一個人的心性生命，以最純粹的心、最純粹的行，感動天下人，來啟發人心悟境。

他一心念佛、一心修證，或許有人認為，這是很個化的，和時代革新沒有什麼聯結。但是我們卻發現一個不可思議的現象：印光愈是專精自己的修行，對時代的影響便愈大；他愈在山中純粹的念行，所展現的風貌，愈引發外在世界的震盪與崇仰。印光成為一個心性革新的力量來源，變成萬眾所依止的力量。在這個浮動的世間，他成為一股清流，不斷清除時代的浮渣，讓生命的覺性延續而行。

印光大師一心念佛、一心修證，讓人的心歸於究極的純粹，看來是單一的意念清淨之法，在現代卻有著特別的意義。現代人的所知障特別重，往往以自己人生的片段，附會解釋修行教法。特別是在這個混亂的時代，一心一意專志的修行者，更能夠幫助人們祛除煩惱，更能成就廣大的菩薩妙行，讓眾生獲得生命的大喜樂。

而淨土法門，對即將到來的太空世紀，人類即將面臨的外星世界，對宇宙的未知，有了新的意義。《阿彌陀經》中說：「從是西方過十萬億佛土，有世界名曰極樂。」距離地球如此遙遠的他方淨土，卻在一心皈命念佛中，產生了新的聯結，或許印光大師的一心念佛，竟為這個時代開創出一條嶄新的宇宙之路。

法義

淨土決疑論

藥無貴賤，愈病則良。法無優秀，契機則妙。在昔之時，人根殊勝，知識如林，隨修一法則皆可證道。即今之世，人根陋劣，知識希少；若捨淨土，則莫由解脫。余自愧多生多劫少種善根，福薄慧淺，障重業深。年當志學，不逢善友，未聞聖賢傳薪之道，爭服韓歐闢佛之毒，學問未成，業力先現。從茲病困數年，不能事事。諦思天地鬼神如此昭著，古今聖賢如此眾多。況佛法自無權力以脅人服從，必賴聖君賢相護持，方能流通天下耳。倘其法果如韓歐所言，悖叛聖道，為害中國，豈但古今聖君賢相不能相容于世，而天地鬼神將亦誅滅無遺也久矣！又何待韓歐等託空言而闢之也耶？中庸謂君子之道，夫婦之愚，可以與知與能，及其至也，雖聖人亦有所不知不能焉。韓歐雖賢，其去聖人遠甚，況聖人所不知不能者乎？佛法殆非凡情世智所能測度之法也。遂頓革先心，出家為僧。自量己力，非仗如來宏誓願力，決難即生定出生死。從茲唯佛是念，唯淨土是求。縱多年以來濫廁講席，歷參禪匠，不過欲發明淨土第一義諦，以作上品往生資糧而已。所恨色力衰弱，行難勇猛，而信願堅固，非但世間禪講諸師不能稍移其操，即諸佛現身令修餘法，亦不肯捨此取彼，違背初心。奈宿業所障，終未能得一心不亂，以親證夫念佛三昧。慚愧何如！

一日，有一上座久參禪宗，兼通教理，眼空四海，誓證一乘。效善財以徧參知識，至螺山以叩關余舍。時余適以《彌陀要解》文深理奧，不便童蒙。欲搜輯台教，逐條著鈔，俾初學之士易于進步。非敢效古德之宏闡道妙，聊以作後進之入勝因緣。喜彼之來，即贈「要解」一本，且告以著鈔之意。上座因謂余曰：「要解一書，吾昔曾一視之。見其詞曰：『華嚴奧藏，法華秘髓，一切諸佛之心要，菩薩萬行之司南，皆不出於此矣。』若此者不勝枚舉。直是抑遏宗教，過讚淨土，謗正法論，疑悞眾生。不億（編者按：億為意）蕅益大師，以千古希有之學識，不即直指人心，宏揚止觀，反著斯解，以為愚夫愚婦之護身符，俾舉世緇素，守一法以棄萬行，取蹄涔以捨巨海，同入迷途，永背覺路。斷滅佛種，罪過彌天矣！欲報佛恩者，當即燬滅令盡，又何堪著鈔，以助其流通耶？」一憤心厲氣，若對讎仇。余俟其氣平，徐謂之曰：「汝以蕅益此解為罪過藪者，但知其末流，而不知其本源。是逐塊之癡犬，非擇乳之鵝王也。須知其過，實不在于蕅益此解，在于釋迦、彌陀及十方諸佛，與淨土三經，及「華嚴」、「法華」諸大乘經，文殊、普賢、馬鳴、龍樹、智者、善導、清涼、永明等諸大菩薩祖師也。汝若能為大法王，正治其罪，庶汝之所言，舉世奉行矣！否則即是山野愚民，妄稱皇帝，自制法律，背叛王章，不旋踵而滅門誅族矣！汝作是說，謗佛、謗法、謗僧，當如生陷阿鼻地獄，永劫受苦，了無出期。恃宿世之微福，造窮劫之苦報，三世諸佛名為可憐憫者，如汝是也。」

彼瞿然曰：「師言罪在釋迦、彌陀等者，何反常之若是也？請詳陳其故，若其理果勝，敢不依從？」

余曰：「如來為一大事因緣故，出現於世。所謂大事因緣者，欲令眾生開示悟入佛之知見，直下成佛而已，豈有他哉？無奈眾生根有大小、迷有淺深，不能直下暢佛本懷。因茲隨機設教，對病發藥。為實施權，開權顯實；于一乘法，作種種說。或有善根成熟者，令其誕登覺岸；其有惡業深厚者，令其漸出塵勞。曲垂接引，循循善誘。雖天地父母，不能喻其少分矣！又以一切法門皆仗自力。縱令宿根深厚，徹悟自心，倘見、思二惑稍有未盡。則生輪迴依舊莫出。況既受胎陰、觸境生著，由覺至覺者少，從迷入迷者多。上根猶然如是，中下又何待言？斷見惑如斷四十里流，況思惑乎？了生脫死，豈易言哉？以是不能普被三根，暢佛本懷。唯念佛求生淨土一法，專仗彌陀宏誓願力，無論善根之熟與未熟，惡業之若輕若重，但肯生信發願，持佛名號，臨命終時定蒙彌陀垂慈接引，往生淨土。俾善根熟者，頓圓佛果；即惡業重者，亦預聖流；乃三世諸佛度生之要道，上聖下凡共修之妙法。由是諸大乘經咸啟斯要，歷代祖師莫不遵行。汝以禪教自負，而妄謂宏淨土者為謗正法輪，斷滅佛種。足徵汝乃魔附其身，喪心病狂，認迷為覺，指正為邪之地獄種子耳！

「夫釋迦、彌陀于往劫中發大誓願度脫眾生，一則示生穢土，以穢以苦折伏而發遣，一則安居淨土，以淨以樂攝受而鈞陶。汝只知愚夫愚婦亦能念佛，遂至藐視淨土，何不觀〈華嚴入法界品〉，善財于證齊諸佛之後，普賢菩薩乃教以發十大願王，回向往生西方極樂世界，以期圓滿佛果，且以此普勸華藏海眾乎？夫華藏海眾，無一凡夫二乘，乃四十一位法身大士，同破無明，同證法性，悉能乘本願輪，于無佛世界現身作佛。又華藏海中，淨土無量，而必回向往生西方極樂世界者，可知往生極樂乃出苦之玄門，成佛之捷徑也。以故自古迄今，所有禪教律叢林，無不朝暮持佛名號，求生西方也。汝歷參叢林，何日日修習，而反生毀謗之若是也？儒書所謂習矣不察，日用不知者，莫汝為甚也！夫華嚴為諸經之王，王于三藏。華嚴不信，即一闡提，縱不生陷阿鼻，報終定墮無間。吾欲離苦而求生淨土，汝欲得苦而毀謗華嚴。汝守汝志，吾行吾道。將軍不下馬，各自奔前程，道不同不相為謀。汝去，吾不語汝！」

彼曰：「道貴宏通，疑須剖決，師何見拒之甚也？嘗聞毗盧遮那遍一切處，其佛所住名常寂光。則但證法身，當處即是寂光淨土，又何必以生滅心，捨東取西，然後為得也？」

余曰：「談何容易！寂光淨土雖則當處即是，然非智斷究竟，圓證毗盧法身者，不能徹底親得受用。圓教住、行、向、地、等覺、四十一位，尚是分證。汝若圓證毗盧法身，則不妨說當處便是寂光。其或未然，則是說食數寶，不免飢寒而死也。」

彼曰：「唯心淨土，自性彌陀，宗門常談，不應有錯。」

余曰：「宗門所說，專指理性，非論事修。所以然者，欲人先識不涉因果，修證凡聖生佛之理，然後依此理以起修因證果，超凡入聖，即眾生而成佛道之事。汝何事理儱侗，知見顛倒之若是也？又汝以捨東取西為生滅者，不知執東廢西乃斷滅也。夫未證妙覺，誰離取捨？三祇鍊行，百劫修因，上求下化，斷惑證真，何一非取捨之事乎？須知如來欲令一切眾生速證法身，及與寂光，所以特勸持佛名號求生西方也！」

問：「棗柏李長者《華嚴合論》，謂西方淨土乃為一分取相凡夫，未信法空實理，以專憶念。其心分淨，得生淨土，是權非實，何以華嚴海眾，同願往生？棗柏現生證聖，神通智慧不可思議，定是華嚴會上菩薩示現，所有言說當無錯謬。」

答：「棗柏雖菩薩示現，以經未全來，不能預斷，故作此說。按棗柏造論，在唐玄宗開元年間，論成之後隨即入滅。歷五十餘年，至德宗貞元十一年，南天竺烏茶國王方進〈普賢行願品〉四十卷之梵文。至十四年，始譯畢流通。其前之三十九卷，即八十華嚴之〈入法界品〉，而文義加詳。彼第八十，善財承普賢威神之力，所證與普賢等，與諸佛等。普賢乃為說偈，稱讚如來勝妙功德。以文來未盡，故未結而終。及〈行願品〉來，第四十卷，普賢乃以十大願王勸進善財及與華藏海眾，令其回向往生西方極樂世界。說畢，如來讚歎，大眾奉行，文方圓備。故古德以此一卷續于八十卷後流通。欲後世學者咸得受持全經云耳。古德謂念佛求生淨土一法，唯佛與佛乃能究盡，登地菩薩不能知其少分者，即此是也。則一切上根切器，淨土總攝無遺矣。《大集經》云：『末法億億人修行，罕一得道；唯依念佛得度生死。』則一切人天六道、具縛凡夫，淨土亦總攝無遺矣。汝信棗柏而不信〈行願品〉、《大集經》；是遵縣令一時權宜之告示，而違皇帝萬古不易之勅旨，何不知尊卑輕重之若是也？」

問：「彼既海眾示現，何待經來方知？」答：「宏揚佛法大非易事，須有證據方能取信。華嚴一經迥越群典，無從引類，以自裁度。」

問：「涅槃全經未至，生公何以預倡闡提皆有佛性？將謂棗柏不及生公？」

答：「闡提原是眾生，一切眾生皆有佛性，闡提何得獨無？有智識者皆可預斷。往生圓滿佛果，諸經絕未宣說，誰敢自出心裁，豎此奇義？二者事理絕不相侔，不可引以為證。至于二公所證，則非吾輩博地凡夫可知，何敢戲論！須知菩薩宏法，或順或逆，種種方便不可思議，得非秉柏示以不知，以敦後世之信向耶？」

問：「禪宗諸師多撥淨土，此又何說？」

答：「禪宗諸師唯傳佛心，所有言說皆歸向上。汝修禪有年，尚不知此，則汝之所解，皆破壞禪宗之惡知見也！」

問：「博地凡夫豈敢自任？諸祖誠言斷可依憑。六祖謂：『東方人造罪，念佛求生西方；西方人造罪，念佛求生何國？』趙州云：『佛之一字，吾不喜聞。』又云：『老僧念佛一聲，漱口三日。』禪宗諸師多有此等言句，則又何說？」

答：「六祖直指向上，令人識取自心。汝當作訓文釋義，辨論修持法門。所謂認驢鞍橋作阿爺下頷，幾許悞哉！汝須知西方之人，見思淨盡，進破塵沙及與無明，祇有進修，絕無造罪之事。謂彼求生何國者，若在此間，未斷見思，仗佛慈力，帶業往生之人，則生凡聖同居淨土。一生彼土，則見思二惑徹底消滅。喻如洪鑪片雪，未至而化，德人覿面，鄙念全消。若是見思淨盡，則生方便有餘淨土；分破無明，則生實報無障礙淨土；無明淨盡，福慧圓滿，則生寂光淨土。在此土現證者如是，在彼土進修者亦然。汝何過慮彼無生處而自障障人，不肯求生？聞噎廢食，自喪性命，則天下癡人莫汝若也。汝但知趙州『佛之一字，吾不喜聞。』何不領取下文？僧問和尚：『還為人也無？』州云：『佛！佛乎？』但欲依念佛一聲漱口三日，何不依僧問和尚：『受大王如是供養，以何報答？』州云：『念佛乎？』又何不依僧問十方諸佛：『還有師也無？』州云：『有。』問：『如何是諸佛師？』州云：『阿彌陀佛！阿彌陀佛乎！』汝謂禪宗諸師多有此等言句，不知禪家酬機之言名為機鋒，名為轉語，問在答處，答在問處。不知返照回光，叩已而參；一向但嚏酒糟，逐土塊。有甚了期？

「吾出家三十餘年，漱口佛不喜聞之言，則眾口同宣，至于以佛佛為人，以念佛報恩，以阿彌陀佛為十方諸佛師，絕未聞一人說一句者。夫言出一口，既以彼為實為可依，則此亦是實是可依。何受損者即依，得益者即違？一依一違，自相矛盾。夫趙州所言，總歸本分；佛不喜聞與念佛等，皆屬轉語。若能直下識得自心，方知趙州道越常情，語出格外。當孜孜念佛，唯日不足矣！倘不能親見趙州，則寧可以念佛為修持，不可依撥佛為把柄。依念佛，則即生便出輪迴，將來定成佛道；依撥佛，則謗佛、謗法、謗僧，現生則罪業山積，福慧冰消；全終則永墮阿鼻，長劫受苦。其利害得失，奚啻天淵！

「總之，今人率皆福薄慧淺，業重障深。于得益者，皆若罔聞；于受損者，全身頂戴（得益受損，且約未悟錯會說，非古德所說之法有益有損也）。諸師酬機之言，悉皆如是，不勞備釋。

「汝謂諸祖誠言斷可依憑，何不依百丈云：『修行以念佛為穩當』乎？又何不依百丈立祈禱病僧，化送亡僧之規，皆悉回向往生淨土乎？將謂百丈唯令死者往生，不令生者求生乎？又何不依西天第十四祖龍樹菩薩，如來預記往生，龍宮誦出華嚴，廣造諸論，偏讚西方；如《毗婆沙論》，稱為易行疾至之道乎？又何不依第十二祖馬鳴菩薩，于「起信論」末後示最勝方便，令人念佛求生西方，常侍彌陀，永不退轉乎？又何不依二祖阿難，初祖迦葉，結集三藏，與淨土諸經乎？倘淨土不足為法，有害于世，彼何不知好歹，貽後世以罪藪乎？又諸大乘經皆讚淨土，而小乘經則無一字言及，將謂諸大乘經不足為法乎？又佛說《阿彌陀經》時，六方恆河沙數諸佛悉皆出廣長舌，勸信此經，將謂六方諸佛亦貽人以罪藪乎？如謂六祖趙州等不可不信，則龍樹、馬鳴、阿難、迦葉、釋迦、彌陀、六方諸佛，諸大乘經，更為不可不信！若謂諸佛、諸祖、諸經皆不足信，又何有于六祖趙州為哉？見近而不見遠，知小而不知大，如鄉民慕縣令之勢力，而不知皇帝之威德；小兒見銅錢而即拾，遇摩尼寶珠而不顧也。汝還知永明四料簡所示禪淨有無、利害得失乎？夫永明乃彌陀化身，豈肯貽人罪藪，謗正法輪，疑悞眾生，斷滅佛種乎？」

彼曰：「永明料簡，語涉支離，不足為法。何以言之？彼謂：『有禪有淨土，猶如戴角虎，現世為人師，來生作佛祖。』若如所說，則今之禪者，類多皆看念佛的是誰！又有住念佛堂，長年念佛者；彼皆現世能為人師，來生即成佛祖乎？又云：『無禪有淨土，萬修萬人去，若得見彌陀，何愁不開悟？』今之愚夫愚婦，專念佛名者，處處皆有，未見幾人臨命終時，現諸瑞相，蒙佛接引，往生西方。故知永明料簡為不足法。」

余曰：「汝何囫圇吞棗，不嘗滋味之若是也？夫永明料簡乃大藏之綱宗，封修之龜鑑。先須認准如何是禪？如何是淨？如是是有？如何是無？然後逐文分剖，則知字字皆如天造地設，無一字不恰當，無一字能更移。吾數十年來，見禪講諸師所說，皆與汝言，無少殊異。見地若是，宜其禪與淨土日見衰殘也。」

問：「何名禪淨及與有無？請垂明誨。」

答：「禪者，即吾人本具之真如佛性；宗門所謂父母未生以前本來面目。宗門語不說破，令人參而自得，故其言如此。實即無能無所，即寂即照之離念靈知，純真心體也。（離念靈知者，了無念慮，而洞悉前境也。）淨土者，即信願持名，求生西方，非偏指唯心淨土，自性彌陀也。有禪者，即參究力極，全寂情亡，徹見父母未生前本來面目，明心見性也。有淨土者，即真實發菩提心，生信發願，持佛名號，求生西方也。禪與淨土，唯約教約理，有禪有淨土，乃約機約修，教理則恆然如是，佛不能增，凡不能減。機修須依教起行，行極證理，使其實有諸己也。二者文雖相似，實大不同，須細參詳，不可儱侗。倘參禪未悟，或悟而未徹，皆不得名為有禪。倘念佛偏執唯心而無信願，或有信願而不真切，悠悠泛泣，敷衍故事。或行雖精進，心戀塵境；或求來生生富貴家，享五欲樂；或求生天，受天福樂；或求來生，出家為僧，一聞千悟，得大總持，宏揚法道，普利眾生者，皆不得名為有淨土矣！」

問：「出家為僧，宏法利生，又有何過？而亦簡除？」

答：「若是已斷見思，已了生死，乘大願論，示生濁世，上宏下化，度脫眾生者，則可。若或雖有智識，未斷見思；縱能不迷，于受生之初，亦復難保于畢生多世，以雖能宏法，未證無生，情鍾尚在，遇境逢緣難免迷惑。倘一隨境迷，則能速覺悟者，萬無一二。從迷入迷，不能自拔，永劫沉淪者，實繁有徒矣。如來為此義故，令人往生淨土，見佛聞，證無生忍。然後乘佛慈力及己願論，迴入娑婆度脫眾生。則有進無退，有得無失矣。未斷見思，住此宏法，他宗莫不如是，淨宗斷斷不許也。世多謂參禪便為有禪，念佛便為有淨土；非但不知禪淨，兼亦不知文義，孤負永明古佛一番大慈悲心，截斷後世行人一條出苦捷徑。自悞悞人，害豈有極！所謂錯認定盤星，毫釐有差，天地懸隔也。」

彼曰：「禪淨有無，略知旨趣。四偈玄文請詳訓釋。」

余曰：「『有禪有淨土，猶如戴角虎；現世為人師，來生作佛祖』者，其人徹悟禪宗，明心見性；又復深入經藏，備知如來權實法門，而于諸法之中又復唯以信願念佛一法，以為自利利他通途正行。〈觀經上品〉上生，讀誦大乘，解第一義者，即此是也。其人有大智慧，有大辯才，邪魔外道聞名喪膽，如虎之戴角，威猛無儔。有來學者，隨機說法，應以禪淨雙修接者，則以禪淨雙修接之；應以專修淨土接者，則以專修淨土接之。無論上中下根，無一不被其澤，豈非人天導師乎？至臨命終時，蒙佛接引，往生上品，一彈指頃，華開見佛，證無生忍。最下即證圓教初住，亦有頓超諸位，至等覺者。圓教初住，即能現身百界作佛；何況此後位位倍勝，直至第四十一等覺位乎？故曰：『來生作佛祖』也。

「『無禪有淨土，萬修萬人去；若得見彌陀，何愁不開悟』者，其人雖未明心見性，卻復決志求生西方，以佛于往劫發大誓願，攝受眾生如母憶子，眾生果能如子憶母，志誠念佛，則感應道交，即蒙攝受。力修定慧者，固得往生；即五逆、十惡，臨終苦逼，發大慚愧，稱念佛名；或至十聲，或止一聲，直下命終，亦皆蒙佛化身，接引往生。非『萬修萬人去』乎？然此雖念佛無幾，以極其猛烈，故能獲此巨益。不得以泛泛悠悠者校量其多少也。既生西方，見佛聞法，雖有遲速不同，然已高預聖流，永不退轉，隨其根性淺深，或漸或頓，證諸果位。既得證果，則開悟不待言矣！所謂『若得見彌陀，何愁不開悟』也。

「『有禪無淨土，十人九蹉路；陰境若現前，瞥爾隨他去』者，其人雖徹悟禪宗，明心見性，而見思煩惱，不易斷除。直須歷緣鍛鍊，今其淨盡無餘，則分段生死方可出離。一毫未斷者，姑勿論。即斷至一毫未能淨盡，六道輪迴依舊難逃。生死海深，菩提路遠，尚未歸家，即便命終。大悟之人，十人之中九人如是。故曰：『十人九蹉路』。蹉者，蹉陀；即俗所謂擔閣也。陰境者，中陰身境。即臨命終時現生及歷劫，善惡業力所現之境。此境一現，眨眼之間，隨其最猛烈之善惡業力，便去受生于善惡道中；一毫不能自作主宰。如人負債，強者先牽；心緒多端，重處偏墜。五祖戒再為東坡，草堂清復作魯公，此猶其上焉者。故曰：『陰境若現前，瞥爾隨他去』也。陰，音義與蔭同，蓋覆也。謂由此業力蓋覆真性，不能顯現也。瞥，音撇，眨眼也。有以蹉為錯，以陰境為五陰魔境者，總因不識禪及有字，故致有此胡說巴道也。豈有大徹大悟者，十有九人，錯走路頭，即隨五陰魔境而去，著魔發狂也。夫著魔發狂，乃不知教理，不明自心，盲修瞎鍊之增上慢種耳。何不識好歹以加于大徹大悟之人乎？所關甚大，不可不辯。

「『無禪無淨土，鐵牀併銅柱，萬劫與千生，沒個人依怙』者，有謂無禪無淨，即埋頭造業，不修善法者，大錯大錯！夫法門無量，唯禪與淨最為當機。其人既未徹悟，又不求生。悠悠泛泛，修餘法門，既不能定慧均等，斷惑證真；又無從仗佛慈力，帶業往生。以畢生修持功德，感來生人天福報。現生既無正智，來生即隨福轉，耽著五欲，廣造惡業。既造惡業，難逃惡報。一氣不來即墮地獄，以洞然之鐵牀銅柱，久經長劫，寢臥抱持，以賞彼貪聲色、殺生命等種種惡業。諸佛菩薩雖垂慈愍，惡業障故，不能得益。昔人謂修行之人，若無正信求生西方，泛修諸善名為第三世怨者，此之謂也。蓋以今生修行，來生享福；倚福作惡，即獲墮落。樂暫得于來生，苦永貽于長劫，縱令地獄業消，又復轉生鬼畜，欲復人身，難之難矣！所以佛以手拈土，問阿難曰：『我手土多，大地土多？』阿難對佛：『大地土多。』佛言：『得人身者，即手中土；失人身者，如大地土。』『萬劫與千生，沒個人依怙』，猶局于偈語，而淺近言之也。夫一切法門，專仗自力；淨土法門，專仗佛力。一切法門，惑業淨盡，方了生死，淨土法門，帶業往生，即預聖流。永明大師恐世不知，故特料簡以示將來。可謂迷津寶筏，險道導師。惜舉世之人顢預讀過，不加研窮，其眾生同分惡業之所感者歟！」

彼曰：「我昔何罪！早昧真詮。宿有何福，得聞出要？願廁測門牆，執侍巾瓶。」

余曰：「余有何德，敢當此說，但余之所言，皆宗諸佛諸祖；汝但仰信佛祖，宏揚淨土，則無德不報，無罪不滅。昔天親菩薩初謗大乘，後以宏大贖愆，汝能追彼芳蹤，我願捨身供養。」

上座乃禮佛發願云：「我，某甲！從于今日，專修淨業；唯祈臨終往生上品，見佛聞法，頓證無生，然後不違安養，徧入十方，逆順隱顯，種種方便，宏通此法度脫眾生，盡未來際無有閒歇。虛空有盡，我願無窮。願釋迦彌陀常住三寶，愍我愚誠，同垂攝受。」余曰：「淨土事者，是大因緣；淨土理者，是秘密藏。汝能信受奉行，即是以佛莊嚴而自莊嚴。」上座唯唯而退。因緣其問答，以為不知此法者勸。

《印光法師文抄》上冊卷二 上海商務印書 一九二二年

淨土法門普被三根論

一切眾生具有如來智慧德相，但由迷真逐妄，背覺合塵，全體轉為煩惱惡業，因茲久經長劫，輪迴生死，如來愍之，為說諸法，令其返妄歸真，背塵合覺，使彼煩惱惡業全體復成智慧德相，從此盡未來際，安住寂光，猶如結水成冰，融冰成水；體本不異，用實天殊。然眾生根有大小，迷有淺深，各隨機宜令彼得益。所說法門浩若恆沙，就中求其至圓至頓，最妙最玄，下手易而成功高，用力少而得交速，普被三根，統攝諸法，上聖與下凡共修，大機與小根同受者，無如淨土法門之殊勝超絕也。何以言之？一切法門雖則頓漸不同，權實各異，皆須修習功深，乃得斷惑證真，出離生死，超凡入聖。是謂全仗自力，別無倚託。倘惑稍未盡，則仍舊輪迴矣！且皆理致甚深，不易修習。若非宿有靈根，即生實難證入。惟有淨土法門，不論富貴、貧賤、老幼、男女、智愚、僧俗、士農、工商一切人等，皆能修習。由阿彌陀佛大悲願力，攝取娑婆苦惱眾生，是故較餘門得果為易也。

凡我有情，聞是淨土法門者，當信娑婆極苦，西方極樂；當信多生已來業障深重，匪憑佛力躲難出離；當信求生決定剋期得生；當信念佛定勞慈悲攝受。由是堅定一心，願離娑婆，如囚之欲出牢獄，絕無繫戀之心。願生西方，如客之思歸故鄉，豈有因循之念？從此隨分隨力，至心持念阿彌陀佛聖號，無論語默動靜，行住坐臥，迎賓待客，著衣吃飯，務令佛不離心，心不離佛。譬如切事繫心，凡百作為不忘此事，或有公私眾務，了無少暇；須於早晚十念念佛，至心發願，亦能往生。以阿彌陀佛曾有願云：「十方眾生至心信樂，欲生我國，乃至十念，若不生者，不取正覺。」是故十念念佛亦得往生也。

但既念佛求生西方，必須發慈悲心，行方便事，息貪瞋癡，戒殺盜淫，自利利人，方合佛意。否則心與佛背，感應道隔。但種來因，難獲現果矣。若志誠念佛，行合佛心，心口相應，如是念佛之人，至臨命終時，阿彌陀佛與諸聖眾，必然親垂接引，往生西方。一生西方，則超凡入聖，了生脫死，永離眾苦，但受諸樂矣。此則全仗佛力，不論功之深淺，惑之有無，但具真信切願，決定萬不漏一。至於已斷惑者求生，則頓超十地；已登地者求生，則速證佛乘。所以文殊、普賢、馬鳴、龍樹等菩薩，皆願往生也。具十惡者念佛，尚預末品，將墮獄者念佛，亦登蓮邦。因茲張善和、張鍾馗、雄俊、惟恭等惡人同出輪迴也。其他戒善具修，定慧均等，居塵不染，處濁恆清，剋志西方，高登上品者，如群星之拱北，眾水之朝東，何可得而勝數耶？是以千經萬論，處處指歸；往聖前賢，人人趣向；以其為如來普度眾生之要道，眾生即生出苦之妙法故也。

《印光法師文抄》上冊卷二上海商務印書一九二二年、《佛光社社刊》第二期

宗教不宜混濫論（因講經者每喜談宗而發）

如來說經，諸祖造論。宗教二門，原是一法，從無可分，亦無可合。隨機得益，隨益立名。上根一聞，頓了自心；圓修道品，即名為宗（此約後世說，當初但只圓頓教耳）。中下聞之，進修道品，漸悟真理，即名為教。及至像季，法流此土，人根聰利，多得聞持，率以記誦講說為事，衲僧本分，向上一著，實悟親證者少，說食數寶者多。以故達磨大師特地而來，闡直指人心之法，令人親見本來面目。後世名之曰宗。既見本來面目，然後看經修行，方知一大藏教，皆是自己家裡話，六度萬行，皆是自己家裡事。是以宗之悟解為目，教之修持為足。非目則無由見道，非足則不能到家。是宗教之相需而不相悖，相合而不相離也。至于南嶽天台，其究竟指歸大略皆同。故「傳燈」、「指月」二錄，皆列二師于應化聖賢科中。而《高僧傳》不列于義解，而列于習禪，是古之具眼知識，以宗教為一貫矣！

及至曹溪以後，禪道大行，不立文字之文字廣播寰區。解路日開，悟門將塞。故南嶽青原諸祖，皆用機語接人；使佛祖現成語言無從酬其所問，非真了當，莫測其說。以此勘驗則金鍮立辨，玉石永分，無從假充，用閑法道。此機鋒轉語之所由來也。自後此法日盛，知識舉揚，唯恐落人窠臼，致成故套，疑悞學者，壞亂宗風，故其機用愈峻，轉變無方，令人無從摸索。故有呵佛罵祖，斥輕教，撥淨土者（如此作用，南嶽思大師兩句道盡，曰：「超群出眾太虛玄，指物傳心人不會。」認做實法，則罪同五逆矣）。以此語言，勦人情見，塞人解路。根熟者直下知歸，徹悟向上；機生者真參力究，必至大徹大悟而後已。良以知識眾多，人根尚利，教理明白，生死心切，縱未能直下了悟，必不肯生下劣心，認為實法故也。

今人多是少讀儒書，不明世理；未窮教乘，不解佛法；纔一發心，便入宗門。在知識祇為支持門庭，亦學古人舉揚，不論法道利害；在學者不下真實疑情，各個認為實法。或有于今人舉處，古人錄中，以己意卜度出一番道理；總不出按文釋義之外，便自謂徹悟向上，參學事畢，即處知識位，開導後學，守一門庭，恐人謂非通家。因茲禪講並宏，欲稱宗說兼通。談宗則古德指歸向上之語，竟作釋義訓文之言；講教則如來修因剋果之道，反成表法喻義之說。以教破宗，以宗破教；盲引盲眾，相牽入火。致使後輩不聞古人芳規，徒效其輕佛陵祖排因撥果而已。古人語言，絕未曉了。衲僧本分，何曾夢見？今將宗教語言意致，略為分別；用冀唯得其益，不受其病也。

何謂宗？何謂教？演說之，宗教皆教；契悟之，宗教皆宗。教固有宗，宗亦有教。教家之宗，即實相妙理三德秘藏，乃宗家之衲僧本分向上一著也（此對宗說，故以體為宗。若就教論，即名為體。教中之宗，乃是入體之門，不堪與宗之向上一著對論）。教家之教，即經論所說文字語言及法門行相，無不皆詮妙理，皆歸秘藏。亦猶宗家之機鋒轉語種種作用也。但教則未悟亦令解了；宗則未悟不知所謂為異耳。宗家之教，即機鋒轉語，揚拳豎拂，或語或默，種種作用，皆悉就彼來機，指歸向上。是轉語等，乃標向上。真月月指；非轉語等，即是向上真月。倘能依指觀月，則真月真下親見。所見真月，方是宗家之宗。今人以機鋒轉語為宗，不求契悟，唯學會透，是認指為月，不復知有真月矣！惜哉！

又教則三根普被，利鈍全收。猶如聖帝明詔，萬國欽崇，智愚賢否，皆令曉了，皆須遵行。有一不遵者，則處以極刑；佛教有一不遵者，則墮于惡道。宗則獨被上根，不攝中下；猶如將軍密令，營內方知，營外之人，任憑智同生知，亦莫能曉。以此之故，方能全軍滅賊，天下太平。軍令一洩，三軍傾覆。祖印一洩，五宗喪亡。未悟以前，祇許參究話頭，不准翻閱禪書；誠恐錯會祖意，則以迷為悟，以假亂真，即名為洩，其害甚大。大悟之後，必須廣閱且錄，決擇見地，則差別智開，藥忌明了。尚須歷緣鍛鍊，必使行解相應，方可出世為人，宏闡宗風。今人不教人力參，而為人講演；使其開解路，起卜度，以己見會祖意，依稀彷彿，想個義理。全體是錯，便謂就是。直饒不錯，只是泥龍畫餅，豈能致雨充飢？所以宗須真參，方有實益也。未開眼者，聞其講說，喜出望外，其有具眼者，必痛徹骨髓矣。如此宏宗，徒有大損，毫無實益。何異以軍令往告敵兵，相邀共戰，其不自殄滅者鮮矣！由是假充悟道者，不勝其多；壞亂佛法者，實繁有徒矣！

又教則以文顯義，依義修觀，觀成證理，令人出解了而入；故天台以三止三觀，傳佛心印也。宗則離文顯意，得意明心，明心起行，令人由參究而得；故禪宗以直指人心，傳佛心印也。又經教所說因果修證凡聖生佛，事理行相歷歷分明，若能修因，自然證果，超凡入聖。即眾生而成佛道矣。既得此事，則不涉因果修證凡聖生佛之理，豈待外求？宗門所說總歸本分，不涉因果修證凡聖生佛（此理即也）。若得此意（此名字及觀行初心也），定然依此不涉因果修證凡聖生佛之理，而起修因證果，超凡入聖，即眾生而成佛道之事矣（此觀行至究竟也）。所以古德大悟後，有三次大次閱《大藏經》者；（汾州無業，三終大藏，育王知微，大慧杲門人，禁足于上塔院十餘年，七終大藏，見《育王山志》）。有以坐看為不恭，跪讀行披立誦者（棲賢湜三終大藏皆如此）；有畢生日持一部「法華」者（永明壽，首山念）；有看經唯恐打差（差音叉，去聲，異也），貼帖子于方丈門首，曰看經時不許問話者（仰山寂）；有持觀音聖號者（明教嵩，日誦十萬觀音，世出世間經書，不讀而知；又華林覺常念觀音，遂感二虎常相依附）；有持準提神咒者（金華俱胝和尚）；有日課百八佛事者（永明壽，一部「法華」亦在百八之數）；有對立像不敢坐，對坐像不敢臥者（大通本。又凡食物以魚胾名者，即不食）；有一日不作，一日不食者（百丈海）；至于念佛求生西方，則多不勝數也。良以百丈乃馬祖傳道嫡子，其開示有云：「修行以念佛為穩當。」又所立清規，凡祈禱病僧，化送亡僧，皆歸淨土。故五宗諸師，多事密修也。多久歷年所，躬行苦行（如溈山作典座，雪峰作飯頭之類）。無非欲圓滿六度，自利利他；類皆重法如寶，輕身似塵。絕不似今人之輕慢古今，褻黷經論也。

是知宗為前鋒，教為後勁。其所辦是一事，其所說是一法；但以語言施設，門庭建立不同。門外漢不知其同而不可合，異而不可離之所以。妄用已見，強作主宰；不是互謗，便是混濫。互謗之過，愚或能知；混濫之愆，智猶難曉。蓋以歸元無二，方便多門。宗家方便，出于格外，所有語言，似乎掃蕩。未得意者，不體離言之旨，唯喧出酒之糟。在宗則開一解路，不肯力參；在教則妄學圓融，破壞事相。唯大達之士，雙得其益，否則醍糊甘露貯于毒器，遂成砒霜鴆毒矣！教雖總明，萬法唯心，然須就事論事，事理因果毫無混濫，原始要終，不出唯心。宗家的實商量亦復如是。

若舉揚向上，雖指盡世間法法頭頭為問；答時總歸本分，絕不就事論事所謂。問在答處，答在問處，縱有似乎就事說者，意則在彼而不在此，若認作就事者，即白雲萬里矣！的實商量者，禪書不錄。所錄者皆屬本分話；若欲知者，必須廣閱群書。否則看《萬善同歸集》，及《淨土十要》中禪匠著述，亦可見其梗概矣！

剋論佛法大體，不出真俗二諦。真諦則一法不立，所謂實際理地，不受一塵也；俗諦則無法不備，所謂佛事門中，不捨一法也。教則真俗並闡，而多就俗說；宗則即俗說真，而掃除俗相。須知真俗同體，並非二物。譬如大圓寶鏡，虛明洞徹，了無一物，然雖了無一物，又復胡來則胡現，漢來則漢現，森羅萬象俱來則俱現。雖復群相俱現，仍然了無一物，雖復了無一物，不妨群相俱現。宗則就彼群相俱現處，專說了無一物。教則就彼了無一物處，詳談群相俱現。是宗則于事修而明理，不棄事修；教則于理性而論事修，還歸理性。正所謂稱性起修，全修在性；不變隨緣，隨緣不變，事理兩得，宗教不二矣。教雖中下猶能得益，非上上利根不能大通，以涉博故；宗雖中下難中下難以措心，而上根便能大徹，以守約故。教則世法佛法，事理性相，悉皆通達，又須大開圓解（即宗門大徹大悟也）。方可作人天導師；宗則參破一個話頭，親見本來，便能闡直指宗風。佛法大興之日，及佛法大通之人，宜依宗參究，喻如僧繇畫龍，一點睛則即時飛去。佛法衰弱之時，及夙根陋劣之士，宜依教修持。喻如拙工作器，廢繩墨則終無所成。教多顯談，宗多密說。宗之顯者，如達磨云：「淨智妙圓，體自空寂。」馬祖云：「即心即佛。」百丈云：「靈光獨耀，迥脫根塵。體露真常，不拘文字。心性無染，本自圓成。但離妄念，即如如佛。」此則與「法華」「楞嚴」諸大乘經，毫無異致。

總之，六祖前多顯，六祖後多密。愚人不知宗教語言同異之致，每見宗師垂問，教家不能加答，逐高推禪宗，藐視教典。佛經視作故紙，祖語重愈綸音（綸音即聖旨）。今之欲報佛恩利有情者，在宗則專闡宗風，尚須教印；在教則力修觀行，無濫宗言。良以心通妙諦，遇緣即宗；柏樹子、乾屎橛、鴉鳴鵲噪、水流花放、欬唾掉臂、譏笑怒罵、法法頭頭，咸皆是宗，豈如來金口所說圓頓妙法，反不足以為宗耶？何須借人家扛子，撐自己門庭？自家楩楠豫章，何故棄而不明？須知法無勝劣，唯一道而常然；根有生熟，雖一法而益別。

然則教外別傳之說非歟？曰：言教外別傳者，令人于指外見月也。又宗家提持，超越常格之外，名為教外別傳。然此四字埋沒多少豪傑，今為道破。對教說，則曰教外別傳；機鋒轉語等，亦是教。對宗說，則曰機鋒轉語外別傳。庶不至孤負佛祖，徒造口業矣！若真佛教不能傳佛心印，則已得別傳之迦葉、阿難、馬鳴、龍樹，當另宏別傳之法，何用結集三藏，註經造論為哉？宗須教印者，如木須從繩則正也。予嘗勸一狂僧念佛；彼言：「衲僧鼻孔，三世諸佛尚摸不著，用念佛作麼？」予曰：「若真摸著三世諸佛摸不著的鼻孔，尚須步步隨著三世諸佛腳後跟轉。倘不隨三世諸佛腳後跟轉，則摸著者非衲僧鼻孔，乃阿鼻地獄鐵牀銅柱上火孔也。」達磨云：「二百年後，明道者多，行道者少；說理者多，通理者少。」智者示登五品。南嶽示證鐵輪，故知今人于宗教二門，開眼尚難，何況實際！其有慈悲願深，生死心切者，宜隨遠公、智者、永明、蓮池，專致力于念佛求生淨土一門也。

書至此，有傍不甘者呵曰：「佛法廣大如法界，究竟如虛空，妙性圓明，離諸名相。安用汝許多落索，分疆立界為？」予應之曰：「妙性雖離名相，名相豈礙妙性？虛空法界雖無疆界，疆界豈礙虛空法界？吾欲捨東往西，必須定南辨北。庶幾方向不迷，措足有地。又恐己見錯謬，欲請正于達人，是跛夫之路程非輪王之輿版（輿版即地輿圖）。若夫通方開士，過量大人，世法全是佛法，業道無非佛道。祖意教理，佛經禪錄，本自融通，有何混濫？盡吾之智，不能測其境界；竭吾之力，不能窺其藩籬。吾之鄙論，姑就吾之鄙機言耳！子何以迦樓羅王之飛騰，用責于蠓螟蚊蚋，而令其齊驅也哉？」

《印光法師文抄》上冊卷二上海商務印書 一九二二年

佛教以孝為本論

孝之為道，其大無外；經天緯地，範聖型賢；先王修之以成至德，如來乘之以證覺道。故儒之孝經云：「夫孝，天之經也；地之義也；民之行也。」佛之戒經云：「孝順父母、師、僧三寶，孝順至道之法。孝名為戒，亦名制止，是世、出世間，莫不以孝為本也。」奈何世俗凡情，只知行孝之顯跡，不知盡孝之極致。每見出家釋子，輒隨己臆見肆其謗讟，謂為不孝父母，與蕩子逆徒無異。不知世法重孝，出世間法亦無不重孝。

蓋世之所謂孝者，有跡可循者也；釋氏之所謂孝者，略于跡而專致力于本也。有跡可循者，顯而易見；專致力於本者，晦而難明。何以言？儒者服勞奉養以安其親，孝也；立身行道，揚名於後世之顯其親，大孝也。推極而論，舉凡五常百行，無非孝道發揮。故禮之祭義云：「斷一樹，殺一獸，不以其時，非孝也。」故曰：「孝悌之道，通於神明，光於四海也。」論孝至此，可謂至矣盡矣，無以復加矣！然其為孝，皆顯乎耳目之間，人所易見。惟我釋子，以成道利生為最上報恩之事，且不僅報答多生之父母，併當報答無量劫來四生六道中一切父母。不僅於父母生前而當孝敬，且當度脫父母之靈識，使其永出苦輪，常住正覺。故曰釋氏之孝，晦而難明者也。

雖然，儒之孝以奉養父母為先者也；若釋氏辭親出家，豈竟不顧父母之養乎？夫佛制，出家必稟父母。若有兄弟子姪可託，乃得稟請於親，親允方可出家，否則不許剃落。其有出家之後，兄弟或故，親無倚託，亦得減其衣鉢之資，以奉二親。所以長蘆有養母之芳蹤（宋長蘆宗賾禪師，襄陽人，少孤，母陳氏鞠養於舅家。及長，博通世典，二十九歲出家，深明宗要。後住長蘆寺，迎母於方丈東室；勸令念佛求生淨土。歷七年，其母念佛而逝。事見《淨土聖賢錄》），道丕有葬父之異跡（道丕，唐宗室。長安人，生始周歲，父歿王事，七歲出家。年十九，世亂穀貴，外母入華山，自辟穀，乞食奉母。次年往霍山戰場，收聚白骨，虔誦經咒，祈得父骨。數日父骨從骨聚中躍出，直詣丕前，乃掩餘骨，負其父骨而歸葬焉。事見宋《高僧傳》）。故經云：「供養父母功德，與供養一生補處菩薩功德等。」親在，則善巧勸諭，令其持齋念佛求生西方；親歿，則以己讀誦修持功德，常時至誠為親迴向。令其永出五濁，長辭六趣，忍證無生，地登不退，盡來際以度脫眾生，令自他以共成覺道。如是乃為不與世共之大孝也。

推極而論，舉凡六度萬行，無非孝道擴充。故《梵網戒經》一一皆言應生慈悲心，孝順心。又云：「若佛子以慈悲心行放生業，一切男子是我父，一切女人是我母，我生生無不從之受生，故六道眾生皆是我父母，而殺而食者，即是殺我父母。」因茲凡所修持，皆悉普為法界眾生而回向之，則其慮盡未來際，其孝徧諸有情。若以世孝互相校量，則在跡不無欠缺，約本大有餘裕矣！惜乎不見此理者，不謂之為妄誕，便謂之為渺茫，豈知豎窮三際，橫遍十方，佛眼圓見，若視諸掌也。

《印光法師文抄》上冊卷二上海商務印書一九二三年、《人生報》第三期、《獅子吼月刊》第一卷第一期一九四八年二月一日

如來隨機利生淺近論

人同此心，心同此理。生佛不二，凡聖一如；由迷悟之攸分，致升沉以迥別。大覺世尊，愍而哀之，示成正覺，普度眾生，以醍糊之一味，隨機宜而殊說。大根則為說頓法，令其速成佛道；小器則授以漸教，使彼徐出塵勞。隨順世間，循循善誘。示戒善，闢人天之坦路；明因果，陳趨避之良謨。

言戒善者，五戒不殺即仁；不盜即義；不邪淫即禮；不妄語即信；不飲酒則心常清而志凝，神不昏而理現，即智。五戒全持，不墮三途，恆生人道。此與儒之五常大同。第儒唯令盡義，佛則兼明果報耳。十善者，不殺、不盜、不邪淫，名身三業；不妄言，不綺語、不兩舌、不惡口，名口四業；不貪、不瞋、不癡，名意三業；此與五戒大同。而五戒多分約身，十善多分約心，十善具足，定生天界。至於遇父言慈，遇子言孝，對兄說友，對弟說恭；種種倫理之教，則皆欲使人各盡其分，無或欠缺，隨順世相修出世法。若夫廣明因果報應不爽毫釐，墮獄生天唯人自召，乃如來至極悲心，欲令眾生永離眾苦，但受諸樂耳。故不惜現廣長舌相，為諸眾生盡情宣演。經云：「菩薩畏因，眾生畏果。」若欲不受苦果，必須先斷惡因。若能常修善因，決定恆享樂果。此即「書」之「作善降祥，作不善降殃」，「易」之「積善必有餘慶，積不善必有餘殃」之意。但儒唯約現世與子孫言，佛則兼過去、現在、未來三世無盡而論。而凡情未測，視作渺茫，不肯信受，如盲背導師，自趣險道，欲不墮坑落塹，何可得耶？是故佛法廣被十法界機。若約人道而言，即無一人不堪受佛法，亦無一人不能受佛法。藉令各修戒善，則俗美人和，家齊國治，唐虞盛世之風，何難見於今日？因茲道啟西乾，法流東震，歷代王臣咸皆崇奉，以其默化人心，隱贊治道，伏凶惡於未起，消禍亂於未萌故也。至於出家為僧，乃為專志佛業，與住持法道而設，非謂佛法唯僧乃可修持也。

　　此諸淺說，乃如來隨順世間，漸令出世之人天乘法。餘如聲聞、緣覺、菩薩等乘，咸皆以此為基。若夫有大根者，直趣妙覺，徹證吾心本具之佛性，極暢如來出世之本懷，其義深遠，姑置勿論。

《印光法師文抄》上冊卷二上海商務印書 一九二二年

持經利益隨心論

大覺世尊所說一切大乘顯密尊經，悉皆理本唯心，道符實相，歷三世而不易，舉十界以咸遵。歸元復本，為諸佛之導師；拔苦與樂，作眾生之慈父。若能竭誠盡敬，禮誦受持，則自他俱蒙勝益，幽顯同沐恩光。猶如意珠，似無盡藏，取之不匱，用之無窮，隨心現量，悉滿所願。「楞嚴」所謂求妻得妻，求子得子，求三昧得三昧，求長壽得長壽，如是乃至求大涅槃得大涅槃。夫大涅槃者，究竟果德，若論如來本心，契經全力，實屬乎此。但以眾生志願狹劣，與夫至誠未極，不能直契。故隨彼行心，滿彼所願。倘宿根深厚之士，則頓明自性，徹證唯心，破煩惑而直趣菩提，圓福慧而速成覺道，獲契經之全益，暢如來之本懷矣！譬如一雨普潤，卉木同榮，大根則拂雲以蔽日，小根則長寸而增分。道本唯一真如，益隨心而勝劣。然善根苟植，佛果終成，縱不能即獲巨益，亦必以因茲度脫。聞塗毒鼓，遠近皆喪；食少金剛，決定不消，先以欲鉤牽，後令入佛智者，其斯之謂歟。

《印光法師文抄》上冊卷二，上海商務印書一九二二年

竭誠方獲實益論

諺云：「下人不深，不得其真。」此言雖小可以喻大。夫世間大而經術文章，小而一才一藝。若欲妙義入神，傳薪得髓，藝超儕伍，名傳古今；而不專心致志，竭誠盡敬，其可得乎？故管子曰：「思之思之，又重思之。思之不得，鬼神其將通之。」非鬼神之與通，乃精誠之極也。

漢魏昭見郭林宗，以為經師易遇，人師難逢，因受業，供給洒掃。林宗嘗有疾，命昭作粥。粥成進之，林宗大呵曰：「為長者作粥，不加意敬事，使不可食。」昭更為粥復進，又呵之者三，昭容色不變。林宗曰：「吾始見子之面，今而後知子之心矣。」宋楊時、游酢，師事伊川。一日請益時久，伊川忽瞑目假寐，二子侍立不敢去。良久，伊川忽覺曰：「賢輩尚在此乎？歸休矣！」乃退，門外雪深尺餘矣。張九成，十四歲游郡庠，終日閉戶，無事不越其限。比舍生隙穴覘之，見其斂膝危坐，對詩書若對神明，乃相驚服而師尊之。此四子者，所學乃世間明德新民，修齊治平之法；其尊師重道尚如此之誠，故得學成德立，致生前沒後，令人景仰之不已。至于弈秋之誨弈也，唯專心致志者勝；痀僂之承蜩也，以用志不分而得。由是觀之，學無人小，皆當以誠敬為主。

而況如來于往昔劫中，欲令眾生同成覺道。以無緣種莫由得度，因茲普現色身，垂形六道；種種方便，隨機利物。千門具啟，一道同歸。善根未種、未熟、未脫者，令其即種、即熟、即脫；應以何身得度者，即現何身而為說法。雲布慈門，波騰行海；六度齊修，四攝普益。其布施也，內外俱捨。所謂國城妻子，頭目髓腦，身肉手足，歡喜施與。故「法華」云：「觀三千大千世界，乃至無有如芥子許，不是菩薩捨身命處。」夫如來為眾生故，經歷三大阿僧祇劫，廣行六度，普結緣種，待其機熟時至，然後示成正覺，宏開法會，普應群機。上根則顯示實相，令其誕登道岸；中下則曲垂接引，令其漸次熏陶。顯密權實，偏圓頓漸；隨機而施，相宜而用。乘雖有三，道本無二。為實施權，權是實力之權。開權顯實，實是權家之實。俯順群機，循循善誘，必令機理雙契，方得解行俱圓。學者雖則專主大乘，亦不可輕蔑棄捨小乘，以小乘原為進入大乘而設，乃如來之度生妙用，實下根之出苦宏猷。故《四十二章經》云：「學佛道者，佛所言說皆應信順。」譬如食蜜，中邊皆甜，吾經亦爾。大海雖有淺深，水味原無二致；凡屬佛經，固應一體尊重，如輪王命令，事雖種種不同，其為王勅則一也。而圓人受法，無法不圓。治世語言，資生業等，皆順正法，況如來金口所說之生滅、無生、四諦、十二因緣等法乎哉？及如來一期事畢，示現滅度，迦葉、阿難等諸大弟子結集法藏，遍界流通。一千年後，教傳此土。兩土高僧，東西往還，譯布佛經，不惜軀命。讀法顯，曇無竭，玄奘等傳，其道路險阻，非常艱辛，不覺哽噎涕泣，莫之能已。經云：「人身難得，佛法難聞。」若非宿有因緣，傳經名字尚不能聞。況得受持讀誦，修因證果者乎？然如來所說，實依眾生即心本具之理，于心性外，了無一法可得。但以眾生在迷，不能了知；于真如實相之中，幻生妄想執著；由茲起貪瞋癡，造殺盜淫，迷智慧以成煩惱，如常住而為生滅。經塵點劫，莫之能反。幸遇如來所說大乘顯密諸經，方知衣珠固在，佛性仍存，即彼客作賤人，原是長者真子；人天六道，不是自己住處；實報寂光，乃為本有家鄉。回思從無始來，未聞佛說，雖則具此心性，無端枉受輪迴，真堪痛哭流涕，聲震大千，心片片裂，腸寸寸斷矣。此恩此德，過彼天地父母，奚啻百千萬倍。縱粉身碎骨，曷能報答？唯有依教修行，自行化他，方可少舒春草仰暉，夏葵向日之微忱而已。然今之緇素，翻閱佛經毫無誠敬，種種褻慢難以枚舉。而習行既久，彼此相安。其褻慢之跡，不忍備言。視如來之法言，同破壞之故紙。且勿謂不知旨趣者，了無所益，即深知實義者，亦只是口頭三昧，面門輝光。如飢說食，如貧數寶，雖有研究之功，絕無實證之益。況褻慢之罪，奚啻彌天，而受苦之期，豈止窮劫？雖是善因，反招惡果，縱為將來得度之因，難免多劫備受其苦；用是心懷慘傷，敢陳芻蕘，企依佛教以奉行，庶唯得益而無損。

《金剛經》云：「若是經典所在之處，即為有佛。若尊重弟子。」又云：「在在處處，若有此經，一切世間天、人、阿修羅所應供養。當知此處即為是塔，皆應恭敬作禮圍繞，以諸華香而散其處。」何以令其如此？以一切諸佛，及諸佛阿耨多羅三藐三菩提法，皆從此經出故。而諸大乘經處處教人恭敬經典，不一而足。良以諸大乘經乃諸佛之母，菩薩之師，三世如來之法身舍利，九界眾生之出苦慈航。雖高證佛果，尚須敬法，類報本追遠，不忘大恩。故《涅槃經》云：「法是佛母，佛從法生。」三世如來，皆供養法；況博地凡夫通身業力，如重囚之久羈牢獄，莫由得出。何幸承宿世之善根，得睹佛經，如囚遇赦書，慶幸無極。固將依之以長揖三界，永出生死牢獄；親證三身，直達涅槃家鄉。無邊利益，從聞經得，豈可任狂妄之知見，不存敬畏，同俗儒之讀誦，輒行褻黷？既讀佛經，何不依佛經所說恭敬尊重？既褻佛法，豈能得佛法所有真實利益？倘能暫息狂見，清夜自思，當必心神驚悸，涕淚滂沱，悲昔日之無知，誓畢生以竭誠，從茲心意肅恭，身口清淨，永絕粗鄙之惡態，恆依經論之聖謨。果能如是，庶可於佛法大海中，隨分隨力，各獲實益。如修羅香象及與蚊蝱，飲于大海咸得充飽。又如一雨普潤，卉木同榮。如是，則自己受持之功方不枉用，而如來說經，諸祖宏法之心，亦可以稍得舒暢而慰悅矣。今將古德恭敬經典之事跡利益，略述數條，企欲真修實踐者有所取法焉。

齊僧德圓，不知氏族，天水人。常以「華嚴」為業，讀誦受持，妙統宗極。遂修一淨園，樹諸穀楮，並種以香草，雜以鮮花。每一入園，必加洗濯，身著淨衣，溉以香水。楮生三載，香氣氛馥。別造淨屋，香泥壁地，結壇淨器，浴具新衣。匠人齋戒，易服出入必盥漱熏香。剝楮取皮，浸以沉水，護淨造紙，畢歲方成。別築淨基，更造新室，乃至柱梁椽瓦，並濯以香湯，每事嚴潔。堂中別施方柏牙座，周布香花，上懸寶蓋，垂諸玲珮，雜以旃蘇；白檀紫沉以為經案，並充筆管。書生日受齋戒，香湯三浴，華冠淨服，狀類天人。將入經室，必夾路焚香，唄先引之。圓亦形服嚴淨，執鑪恭導，散花供養，方乃書寫。圓胡跪運想，注目傾心，纔寫數行，每字皆放光明，照於一院，舉眾同見，莫不悲感，久之方歇。復有神人執戟，現形警衛；圓與書生同見，餘人則不睹焉。又有青衣梵童，無何而至。手執天華，忽申供養。前後靈感，雜沓相仍。迄經二載，書寫方畢，盛以香函，置諸寶帳，安彼淨堂，每伸頂謁。後因轉讀，函發異光；至於嚴潔敬絕古今。此經遞授，于今五代。有清淨轉讀者，時亦靈應昭然。其經今在西太原寺賢首法師處守護供養。（註：此與下二條，皆係晉譯六十卷《華嚴經》也。穀，音谷，從木，不從禾，楮之別種。德圓種楮，造紙寫經，入此楮園，尚須洗濯，著淨衣服，其平日禮佛誦經，誠敬淨潔，蓋可知矣。今人登大雄殿，尚無彼入楮園之虔潔，良可慨歎！浴具新衣者？浴即浴室，新字宜作觸，謂浴室中具有登廁之衣。匠人齋戒，易服出入者，所用匠人，皆須持五戒，日受八關齋法。凡欲登廁，先至浴室，脫去常服，著廁衣，及出，先洗淨，次洗浴，方著常服。旒蘇，即鬚子，乃聚眾絲線，于頭上綰一結子，下則散分者。唄，唱讚也。五代，即齊梁陳隋唐，此傳係唐人所作，故曰于今五代。德圓之誠，超越古今，故其靈感，雜沓相仍，今人雖無此財力，於力所能為者，可不竭誠盡敬，以期三寶垂慈，冥顯加被乎？倘惟事形跡了無誠敬，則無邊法力莫由感通，謂為佛法不靈，其可乎哉？此依《華嚴懸談》及《會玄記》二書錄出。）

唐定州中山僧修德者，不知氏族，苦節成性，守道山林。以華嚴起信，安心結業。于永徽四年，發心抄寫。故別為淨院，植楮樹，兼種香花，灌以香水。凡歷三年，潔淨造紙，復別築淨臺，於上起屋，召善書人為州王恭，別院齋戒，洗浴淨衣，焚香布花，懸諸幡蓋，禮經懺悔，方陞座焉。下筆含香，舉筆吐氣，每日恆然。德日入靜室運想。每寫一卷，施縑十疋，一部總八百縑，恭乃罄竭志誠，並皆不受，才寫經畢，俄即遷化。德以經成，設齋慶之。大眾集已，德於佛前燒香散花，發宏誓願。方開經藏，放大光明，周七十餘里，照定州城，城中士女普皆同見，中山齋眾投身宛轉，悲哽懺悔。（註：此與上事跡大同，可見古人於三寶分上，多皆竭誠盡敬；絕不似今人之怠忽褻慢，有名無實也。舉筆吐氣者，或欲咳嗽，或欲呵欠，即停筆少頃，面向旁邊，令氣出之，不敢以口氣熏經故也。才寫經畢，俄即遷化者，以專心寫經，不求名利；志誠之極，致令業盡情空，了生脫死，高登上品寶蓮，親證不退轉地矣。觀之，可見佛法不孤負人。而今之緇素，多多皆是孤負佛法耳。奈何奈何！此一條出《會玄記》。）

唐僧法誠，姓樊氏，雍州萬年縣人。幼年出家，以誦「華嚴」為業。因遇慧超禪師，隱居藍谷高山，遂屏囂煩，披誠請益。後於寺南嶺，造華嚴堂，澡潔中外。莊嚴既畢，乃圖畫七處九會之像；又竭其精志，書寫受持。宏文學士張靜者，時號筆工，罕有加勝，乃請至山舍，令受齋戒，潔淨自修，口含香汁，身被新服。然靜長途寫經，紙直五十，誠料其見，才寫兩紙，酬直五百。靜利其貨，竭力寫之。終部已來，誠恆每日燒香供奉，在其案前，點畫之間，心緣目睹，略無遺漏。故其剋心鑽注，時感異鳥，形色希世，飛入堂中，徘徊鼓舞；下至經案，復上香鑪，攝靜住觀，自然馴狎，久之翔逝。明年經了，將年興慶，鳥又飛來，如前馴擾，鳴唳哀亮。貞觀初年，造畫千佛，鳥又飛來，登止匠背。後營齋供，慶諸經像，日次中時，怪其不至。誠顧山岑曰：「鳥既不至，吾誠無感也。將不嫌諸穢行，致有此徵？」言已欻然飛來，旋還嗚囀，入香水中，奮迅而浴，中後便逝。前後如此者，非復可述。靜素善翰墨，鄉曲所推；山路巖崖，勒諸經偈，皆其筆也。手寫「法華」，正當露地，因事他行，未營收舉。屬洪雨滂注，溝澗波飛，走往看之，合案並乾，餘便流潦。嘗卻偃橫松，遂落懸溜，未至下澗，不覺已登高岸，不損一毛。（註：法誠、張靜，各竭誠敬；故其感應俱難思議。出《華嚴懸談》，及《會玄記》，並《續高僧傳》。）

唐僧曇韻，定州人，行年七十。隋末喪亂，隱於離石北千山。常誦《法華經》。欲寫其經，無人同志。如此積年，忽有書生，無何而至。云所欲潔淨，並能行之。即於清旦，食訖入浴，著淨衣，受八戒，入淨室，口含檀香，燒香懸旛，寂然抄寫，至暮方出。明又如先，曾不告倦。及經寫了，如法奉襯，相送出門，斯須不見。乃至裝潢，一如正法。韻受持讀之，七重裹結。一重一度，香水洗手，初無暫廢。後遭胡賊，乃箱盛其經，置高巖上。經年賊靜，方尋不見，周慞窮覓，乃於巖下獲之，箱巾糜爛，撥朽見經，如舊鮮好。（註：寫經心誠，感聖來應，聖雖來應，示同凡夫。故一依其法，清旦食訖入浴，著淨衣等也。八戒，即八關齋法，以過中不食為體，以不殺等八戒助成。關閉貪瞋 癡等煩惱惑業，不令生起，乃命在家人受出家戒。從今朝清晨受，至明日明相出為限，寫經令其日日常持，故須日日常受。至暮方出，則午亦不食矣。襯音果，包也。一重一度香水洗手者，即讀一回經，先用香水洗一度手，箱巾爛而經鮮好者，一以聖人之法力加持，一以韻師之誠心感格，一以妙經之功德難思故也。韻師後住隰州，道宣律師貞觀十一年至彼見之；時年已七十矣。此下數條，皆出《三寶感通錄》。）

唐貞觀五年，有隆州巴西縣，令孤元軌者，敬信佛法，欲寫「法華」、「金剛般若」、「涅槃」等，無由自檢，憑彼土抗禪師檢校。抗乃為在寺如法潔淨，寫了下帙，還岐州莊所，經留在莊。並老子五千言，同在一處。忽為外火延燒，堂是草覆，一時灰蕩，軌於時任馮翊令，家人相命撥灰，取金銅經軸。既撥外灰，其內諸經宛然如故，潢色不改，唯箱帙成灰。又覓老子，便從火化。乃收取諸經，鄉村嗟異。其「金剛般若」一卷，題字焦黑。訪問所由，乃初題經時，有州官看書，其人行急，不獲潔淨，直爾立題，由是被焚。其人現在，瑞經亦存。京師西明寺主神察，目驗說之。（註：老子五千言，即道德經。一切佛事，俱以戒行誠敬為本，若戒行精嚴，誠敬篤至，則三寶諸天皆為擁護；否則，無邊法力莫之能感。觀此諸經毫無所損，唯《金剛經》題，字跡焦黑，以其人既無戒力，又無誠心故也。受持佛經者，可不以持戒竭誠為急務哉？）

唐河東有練行尼，常誦「法華」。訪工書者寫之，價酬數倍，而潔淨翹動，有甚餘者。一起一浴，然香熏衣，筒中出息，通於壁外。七卷之功，八年乃就。龍門寺僧法端，集眾講說，借此尼經以為楷定。尼固不與，端責之。事不獲已，乃自送付端，端開讀之，唯見黃紙，了無文字，餘卷亦爾。端愧悔送尼，尼悲泣受已，香水洗函，頂戴繞佛，七日不休。開視，文字如故。即貞觀二年，端自說之云（本擬廣錄恭敬三寶之利益，及褻慢三寶之罪愆，令研究佛學者取法有地，獲罪無由，以目力不給，遂止）。

《印光法師文抄》上冊卷二上海商務印書一九二二年、《獅子吼月刊》第一卷第一期一九四八年二月一日

挽回劫運護國救民正本清源論

道德仁義，乃吾人本具之性德。因果報應，實天地化育之大權。人生天地之閒，藐爾七尺之軀，其與廣大高厚莫測之天地並立為三，稱為三才者，以其能仰體天地之德，皆可以為堯舜，皆可以作佛，以參贊其化育故也。故聖人于易乾坤二卦之象，一以自強不息法天，一以厚德載物法地教人。夫自強不息，則閑邪存誠，克己復禮；非到明明德，止至善，人欲淨盡，天理流行，以復其本具之性德不可也。厚德載物，則仁民愛物，推己及人；當必本忠恕，行慈悲，胞與為懷，物我同觀，非盡其參贊之天職弗止也。然此非專指居位行政者言，即匹夫匹婦亦皆能行。以堯舜之道，孝弟而已；聖賢之學，修身而已。能修身者，必能孝弟，必能格除物欲，擴充良知，以獨善其身矣！而其效必能刑于寡妻，至于兄弟，以御于家邦。況得位行政，豈有不能兼善天下之理乎？

天下不治，匹夫有責。使人人各秉誠心，各盡孝弟，各行慈善，矜孤恤寡，救難憐貧，戒殺放生，吃素念佛，則人以善感，天以福應，自然雨順風調，民康物阜，決不至常降水旱、瘟蝗、風吹、地震等災害，而時和年豐，人樂其業。加以慈和仁讓，相習成風，縱有一二愚頑，亦當化為良善。如矜梁上之君子，一方永絕竊賊；瞷匿室之偷兒，此後遂成善士。古人仁慈為政，真誠愛民，尚能感化異類；如虎不入境，魚徒他方等瑞徵，載諸史冊，不一而足。果能各以慈善相感，斷不至常有工匪刀兵，蹂躪劫掠等禍。

然人之氣稟，萬有不齊；天機深者，自能恪遵道義，以盡為人之分；其有宿習濃厚，障蔽性德，以至心之所念，口之所言，身之所行，每與道德相悖。然由聞其福善禍淫之理，及見其善惡報應之事，未有不戰兢惕厲，以自修者，冀其獲福而免禍者。是知天地以福善禍淫為攝持人民悉遵道德仁義之大權。

聖人本天地之心以行教化，以故惠吉逆凶，五福六極，作善降之百祥，作不善降之百殃；積善之家必有餘慶，積不善之家必有餘殃之說，屢見于經。其所以感發人之善心，懲創人之逸志者，至深切矣。然則因果報應之吉凶禍福，乃道德仁義依違真偽之實驗也。既知其實驗，則欲為善而益加奮勉，必底于成；欲為不善而遂生恐懼，有所不敢矣。如是則提倡因果報應，乃仰承天地聖人之心，以成全世人道德仁義之性德也。若以因果報應為渺茫無稽，不但違背天地聖人之心，自己神識永墮惡趣；且使上智者不能奮志時敏，聿修厥德，下愚者無所忌憚，敢于作惡，以致天地聖人化育之權抑而不彰，吾人即心本具之理隱而弗現，其為禍也，可勝言哉？但以世間聖人，語言簡略；又且只說現在，及與子孫。至于生之以前，死之以後，與從無始以來，隨罪福因緣輪迴六道，皆未發明以故識見淺者，雖日讀聖人因果報應之言，猶然不信因果報應。如來大教，顯示吾人心性之妙，與夫三世因果之微，舉凡格致誠正修齊治平之道，與夫斷惑證真了生脫死之法，無不備具。是故遇父言慈，遇子言孝，兄友弟恭，夫唱婦隨，主仁僕忠，各盡己分，則與世間聖人所說，了無有異；而復一一各示前因後果，則非世間聖人所能及。盡義盡分之語，只能教于上智，不能制其下愚。若知因果報應，則善惡禍福，明若觀火，其誰不欲趨吉而避凶，免禍而獲福乎？

又不知因果，多有外彰善相，實則暗存惡心以行惡事，意謂人既不知，有何妨礙？不知吾人之心，與天地鬼神，及諸佛菩薩之心息息相通。我心隨起一念，彼則無不了知。故曰人間私語，天聞若雷；暗室虧心，神目如電。周安士曰：「人人知因果，大治之道也。人人不知因果，大亂之道也。」甚矣！神恩之浹于民生也！人特不深思，故弗知耳！上古之世，人情淳樸，勝過叔季之澆漓，奚啻數倍。文王之澤，及乎枯骨，不數百年，殺人殉葬之風偏於天下。以列國諸侯之死，殺所愛之臣妾，動至數十百人，不惟不生憐愍，而復反以為榮，各相效尤。以秦穆公之賢，尚殺百七十七人以殉葬。子車三子，乃國之良臣，亦復不為國與民計而免，況其他無道之暴君哉？國君如是，大夫與士，亦各隨其力而為之。雖孔孟老莊齊出，亦莫能止。及佛教東來，闡明因果報應，令人戒殺放生，斷葷吃素，即蟲蟻蚤蝨尚令護惜，勿行殺害，何況于人？以一切眾生皆有佛性，皆知貪生怕死，皆是過去父母眷屬，皆是未來諸佛世尊。固宜愍念憐恤，何敢妄行殺害，以充口腹乎？慈風一扇，勝殘去殺，勿論諸侯大夫士不敢殺人殉葬，即南面稱朕者，亦不敢行此惡法。即有一二暴虐者行之，亦斷不敢以多為榮也。使無佛法生死輪迴、因果報應之說，則後世之人，能盡其天年而死者，蓋亦鮮矣！此係至淺近之法，而其效尚能如是，況論心性極賾之理，與斷惑證真之道乎哉！

而如來隨順眾生，循循善誘。初以五戒十善之人天乘接引劣機，以作超凡入聖，了脫生死之前方便。若根機稍深，則為說四諦、十二因緣，令其斷見思惑，證聲聞、緣覺之二乘果。若是大乘根性，則令其發大菩提心，遍參六度萬行；上求佛道，下化眾生，興無緣慈，起同體悲，不住色聲香味觸法而行布施，以及六度萬行。度脫一切眾生，令入無餘涅槃，不見能度之我，與所度之人及眾生，併所證之無餘涅槃之壽者相。由其四相不著，三輪體空，故令塵沙無明，因之消滅。隨其功行，以次證夫十住、十行、十回向、十地等覺之菩薩果，及全彰自性，徹悟唯心，福慧圓滿，智斷究竟之佛果耳。

又以末世眾生，根機陋劣，匪仗如來洪誓願力，決難現生即出生死。由是以大慈悲，特開一仗佛慈力了生脫死之淨土法門。但具真信切願，持佛名號，求生西方極樂世界，其所行一絲一毫之世善，併六度萬行種種功德，悉以回向往生。此則以己信願，感佛慈悲，感應道交，必蒙攝受；待至臨終，蒙佛接引，往生西方。既往生已，則圓離眾苦，但受諸樂，親炙彌陀，參隨海眾。其證無生而成覺道，如操左券而取故物，校彼仗自力以了生死者，其難易固天淵懸殊也。又仗自力者，百千萬人，難得一二即生了脫，以其必須定慧具足，惑業淨盡，方可如願。倘惑業尚有絲毫未盡，則生死輪迴決難出離。仗引力則信賴真切，萬不漏一。三根普被，利鈍全收；上根則速證法身，下根則帶業往生。如來度生之懷，唯淨土法門，方能究竟舒暢耳。由有如上種種利益，故古今來聖君賢相，傑士偉人，莫不自行化他，護持流通。以其能陰翼郅治，顯淑民情，消禍亂于未萌，證本具之佛性也。

近來世道人心，日趨日下，各懷我見，互相競爭，以致刀兵連綿，無時靜謐。而上有好者，下必有甚焉者。一班頑民，盡作土匪，肆行劫掠，毒害生民。人以惡感，天以災應，水旱疾疫，風吹地震，種種慘災，頻頻見告，國運危岌，民不聊生。欲行拯救，苦無其力，唯有懇求當權諸公，及一切同胞，悉本忠恕之心，以行慈悲之道，視一切人民皆如同胞，互相扶持，勿行殘害。思前因與後果，必修德而行仁，利人者實為利己，此生他世，福報無窮；害他者甚于害自，現在未來，苦報無盡。與其逞勢于一時，以致神識受苦于永劫，何如修德于畢世，以期身心受樂于多生乎？然在凡夫地，未斷惑業，縱生人天，終非究竟安隱之處；倘能隨分隨力，持佛名號，求生西方，以期盡此報身、高登極樂，方為最上脫苦之道。而堂堂丈夫，忍令本具佛性，常被惑業所縛，以受生死苦荼乎？

張季鸞君特刊《中華新報》，每日專闢一欄，提倡佛學。舉凡如來應化，法道流通，信毀罪福，修持利益，與夫戒殺放生，吃素念佛之言論事跡，隨便登載。冀閱報諸君，同悟心、佛、眾生三無差別之理。以行斷惡修善，復本心源之事。余謂此實護國救民正本清源之道。因將吾人天職，天地化育，聖賢心法，佛教綱要，與夫亂之所始，治之所由。撮略言之，以貢當世具眼高人。所愧文字拙樸，不能暢發蘊奧，然其意義，固非妄談杜撰，有可取焉。又人生世間，所資以成德達才，建功立業，以及一才一藝養活身家者，皆由文字主持之力而得成就。字為世間至寶，能使凡者聖，愚者智，貧賤者富貴，疾病者康寧。聖賢道脈，得之于千古；身家經營，遺之于子孫；莫不仗字之力。使世無字，則一切事理皆不成立，而人與禽獸無異矣！既有如是功力，固宜珍重愛惜。竊見今人任意褻汙，是直以至寶等糞土耳，能不現生折福折壽，來生無知識乎哉？又不但有形之字不可褻汙遺棄；而無形之字，更不可褻汙遺棄。孝弟忠信禮義廉恥，若不措之躬行，則成亡八字矣！八字既亡，則生為衣冠禽獸，死墮三途惡道矣。可不哀哉！

《印光法師文抄》上冊卷二上海商務印書一九二二年、《淨宗月刊》第二期一九四八年五月一日

淨土指要

淨土法門，乃如來一代時教中之特別法門，三根普被，利鈍全收。等覺菩薩不能超出其外；逆惡罪人亦可預入其中。不斷惑業，得出輪迴；即此一生，定登佛國。末世眾生，根機陋劣，捨此法門，其何能淑？

凡修淨業者，第一必須嚴持淨戒，第二必須發菩提心，第三必須具真信願。戒為諸法之基址，菩提心為修道士之主帥，信願為往生之前導。淨土法門，以信、願、行三法為宗，非信何由發願？非願何由起信？非持名妙行，何由證所信而滿所願？得生與否，全由信願之有無，品位高下，全由持名之深淺，信、願、行如鼎三足，缺一則蹶。若不注重信願，唯期持至一心，縱令深得一心，亦難了生脫死。何以故？以煩惑未盡，不能仗自力了生死，信願既無，不能仗佛力了生死。世有好高務勝者，每每侈談自力，藐視佛力，不知從生至死，無一事不仗人力，而不以為恥，何獨於了生死一大事，並佛力亦不願受？喪心病狂一至於此。淨宗行者所當切戒！

至於修持法則，常當如子憶母，行往坐臥，語默周旋，一句佛號，緜緜密密，任何事緣，不令閒斷，都攝六根，淨念相繼，能如是者，決定往生。又須心念仁恕，氣象渾穆，忍人所不能忍，行人所不能行，代人之勞，成人之美。常思己過，莫論人非。等覺菩薩，二六時中禮十方佛，懺除宿業，況在凡地？常當慚愧，何敢自恃？若自恃者，縱有修持，皆屬魔業。如是之人，切勿親近，免致日久，與之俱化。直須守定宗旨，不隨經教及善知識語言所轉，捨此別修也。

此之法門，乃十方三世一切諸佛，上成佛道、下化眾生，成始成終之總持法門。一切法門，無不從此法界流；一切行門，無不還歸此法界。故得九界同歸，十方共讚，千經俱闡，萬論均宣。吾輩末學，何可立異，以取自誤誤人之罪愆乎？願深思之！願深思之！

《印光法師文抄續編》上冊卷下 上海商務印書 一九二七年、《淨宗隨刊》第一期

書信

復鄧伯誠居士書

一

相晤以來，忽滿六年。不但星霜屢更，即國曆已非其舊，世相無常，誠可歎悼。

接手書，知不廢淨業，洵足嘉美。而云身心不安之至，為境遇不嘉致不安耶？抑或疾病纏緜致不安耶？若境遇不嘉者，當作退一步想：試思世之勝我者固多，而不如我者亦復不少。但得不飢不寒，何羨大富大貴！樂天知命，隨遇而安，如是則尚能轉煩惱成菩提，豈不能轉憂苦作安樂耶？若疾病纏緜者，當痛念身為苦本；極生厭離，力修淨業，誓求往生。諸佛以苦為師，致成佛道；吾人當以病為藥，速求出離。須知具縛凡夫，若無貧窮疾病等苦，將日奔馳于聲色名利之場而莫之能已；誰肯于得意烜赫之時，回首作未來沉溺之想乎？孟子曰：「故天將降大任于是人也，必先苦其心志，勞其筋骨，餓其體膚，空乏其身，行拂亂其所為，所以動心忍性，增益其所不能。」

故知天之成就人者多以逆，而人之祇承天者宜順受也。

然孟子所謂大任，乃世間之爵位，尚須如此憂勞，方可不負天心。何況吾人以博地凡夫，直欲上承法王覺道，下化法界有情，倘不稍藉挫折于貧病，則凡惑日熾，淨業難成；迷昧本心，永淪惡道；盡未來際，求出無期矣。古德所謂「不經一番寒徹骨，焉得梅花樸鼻香」者，正此之謂也。但當志心念佛以消舊業，斷不可起煩躁心，怨天尤人，謂因果虛幻、佛法不靈。須知吾人自無始以來，所作惡業無量無邊。《華嚴經》謂：「假使惡業有體相者，十方虛空，不能容受。」豈泛泛悠悠之修持便可消盡也？所以釋迦、彌陀兩土教主，痛念眾生無力斷惑，特開一仗佛慈力、帶業往生之法門。其宏慈大悲，雖天地父母，不能喻其恆河沙分之一。只宜發慚愧心、發懺悔心，自可蒙佛加被，業消身安耳。若病苦至劇不能忍受者，當于朝暮念佛回向外，專心致志念「南無觀世音菩薩」。觀音現身塵剎，尋聲救苦；人當危急之際，若能持誦禮拜，無不隨感而應，即垂慈佑，令脫苦惱而獲安樂也。

念佛一法，乃至簡至易，至廣至大之法。必須懇切志誠之極，方能感應道交，即生親獲實益。若懶惰懈怠，毫無敬畏，雖種遠因，而褻慢之罪，有不堪設想者。縱令得生人天，斷難高預海會。至于佛像當作真佛看，不可作土木銅鐵等看。經典乃三世諸佛之師，如來法身舍利，亦當作真佛看，不可作紙墨等看。對經像時，當如忠臣之奉聖主，孝子之讀遺囑。能如是，則無業障而不消、無福慧而不足矣。

現今士大夫學佛者多，然率皆讀其文、解其義、取其供給口頭，以博一通家之名而已。至於恭敬志誠，依教修持者，誠為難得其人。余常謂欲得佛法實益，須向恭敬中求。有一分恭敬，則消一分罪業，增一分福慧。有十分恭敬，則消十分罪業，增十分福慧。若無恭敬而致褻慢，則罪孽愈增，而福慧愈減矣。哀哉！凡遇知交，當諄諄以此意告之，乃莫大之法施也。淨土法門若信得及，何善如之？若己智有不了，即當仰信諸佛諸祖誠言，斷不可有一念疑心；疑則與佛相背，臨終定難感通矣。古人謂淨土法門，唯佛與佛乃能究盡。登地菩薩，不能知其少分。夫登地大士尚不全知，豈可以博地凡夫妄生臆斷乎？若欲研究，當看《淨土十要》。此書乃蕅益大師於淨土諸書中，採其菁華，妙契時機，最為第一。其開首《彌陀要解》，自佛說此經以來，為西天東土中絕無而僅有之註解也。宜恪遵守，不可忽略。

今之聰明人，雖學佛法，以未親近具眼善知識，率皆專重理性，撥棄事修及與因果。既撥事修因果，並理性而失之。所以每有才高等輩，詞驚鬼神，究其行為，與市井無知識者無異，其病根皆由撥事修因果之所致也。俾上智者徒生憐愍，下愚者依樣妄為。所謂以身謗法，罪過無量。《法苑珠林》一書（一百卷。常州天寧寺訂作三十本，蘇州瑪瑙經房訂作廿四本。瑪瑙經房板殘傷模糊，天寧寺板係新刻）。詳談因果，理事並進。事跡報應歷歷分明，閱之令人不寒而慄。縱在暗室屋漏，常如面對佛天，不敢稍萌惡念。上中下根普蒙利益，斷不至錯認路頭，執理廢事，歸于偏邪狂妄之弊。夢東所謂善談心性者，必不棄離于因果；深信因果者，終必大明乎心性，此理勢所必然也。夢東此語，乃千古不刊之至論，亦徒逞狂慧者之頂門針也。各流通處皆有，宜請而閱之。其利益當自知之，亦宜令一切知交閱之。令弟去秋復來山，亦曾以恭敬相勉；但未知伊以余言為是否也？

二

接手書，讀之令人心神暢悅。

蘧伯玉行年五十，而知四十九年之非；孔子年將七十，尚欲天假之年，卒以學易，以祈乎無大過。聖賢之學，未有不在起心動念處究竟者。年世儒者唯學詞章，正心誠意置之不講。雖日讀聖賢書，了不知聖賢垂書訓世之意。而口之所言，身之所行，與聖賢所言所行，若明暗之不相和、方圓之不相入，遑問究及于隱微幾希之間哉！

佛經教人常行懺悔，以期斷盡無明，圓成佛道。雖位至等覺如彌勒菩薩，尚于二六時中禮十方諸佛，以期無明淨盡、圓證法身。況其下焉者乎？而博地凡夫通身業力，不生慚愧，不修懺悔，雖一念心性與佛平等，由煩惱惡障蔽心源，不能顯現。譬如大圓寶鏡經劫蒙塵，不但了無光明，即銅體亦不顯現。若知即此全體塵垢之鏡，具有照天照地之光，用力磨礱，日復一日，積功不已，銅質白露；又復加功，光明漸發。光明雖發，磨礱更切，力極功純，垢盡明復，照天照地，為世至寶。須知此光鏡本具足，非從磨得。若非本具，從磨得者，磨磚磨石亦應發光。又須知此光鏡雖本具，不磨則永無發光之日。眾生心性亦復如是。雖則與佛平等，若不改惡修善，背塵合覺，性具功德永不能發。以本具佛性之心識，造長劫沉淪之業苦；猶如暗室觸寶，不但不得受用，反致受其損傷，可哀也已！

念佛一法，乃背塵合覺，返本歸元之第一妙法。于在家人分上，更為親切。以在家人身在世網，事務多端；攝心參禪及靜室誦經等，或勢不能為、或力不暇及，唯念佛一法最為方便。早晚于佛前隨分隨力，禮拜持念，回向發願。除此之外，行往坐臥、語默動靜、穿衣吃飯，一切時、一切處皆好念。但于潔淨處、恭敬時，或出聲、或默念皆可。若至不潔淨處（如登廁等），或不恭敬時（如睡眠、洗浴等），但宜默念，不宜出聲。非此時處不可念也。睡出聲念，不但不恭敬，又且傷氣，久則成病。默念功德與常時一樣。所謂「念絲在茲，造次必于是，顛沛必于是」也。

居士既能發露懺悔，于淨土法門最易相應。所謂心淨則佛土淨也。然既知非，又肯發露懺悔，必須改過遷善；若不改過遷善，則所謂懺悔者，仍是空談，不得實益。至謂欲心不貪外事、專念佛：不能專，要他專；不能念，要他念；不能一心，要他一心等。亦無奇特奧妙法則，但將一個死字貼在額顱上，挂在眉毛上，心常念曰：「我某人從無始來直至今生，所作惡業無量無邊。假使惡業有體相者，十方虛空不能容受。宿生何幸，今得人身，又聞佛法，若不一心念佛求生西方，一氣不來，定向地地獄鑊湯、鑪炭、劍樹、刀山裡受苦。不知經幾多劫！縱出地獄，復墮餓鬼；腹大如海，咽細如針，長劫飢虛，喉中火然，不聞漿水之名，難得暫時之飽。從餓鬼出，復為畜生；或供人騎乘，或充人庖廚。縱得為人，愚癡無知，以造業為德能，以修善為桎梧，不數十年，又復墮落。經塵點劫，輪迴六道。雖欲出離，末由也已。」能如是念，如上所求當下成辦。所以張善和、張鍾馗，臨終地獄相現，念佛數聲即親見佛來接引往生。如是利益，一代時教，百千萬億法門之所無者。吾常曰：「九界眾生離此法，上不能圓成佛道，十方諸佛捨此法，下不能普利群萌。」者，此之謂也。果能生死心切，信得及，不生一念疑惑之心，則雖未出娑婆，已非娑婆之久客，未生極樂，即是極樂之嘉賓。見賢思齊，當仁不讓。豈肯因循怠忽，以致一錯而成永錯乎哉？有血性漢子，斷斷不肯生作行肉走屍，死與草木同腐矣。勉旃！勉旃！

又念佛固貴專一，然居士上有父母，下有妻室，分外營謀，妄希富樂，實所不應。至於分內所當為者，亦須勉為之。非必屏棄一切方為修行也。若屏棄一切，能不缺父母妻室之養則可，否則便與孝道相背。雖曰修行，實違佛教，是又不可不知也。又須以淨土法門利益勸父母，令其念佛求生西方。若能信受奉行，臨命終時，定得往生，一得往生，直下超凡入聖，了生脫死，高預海會，親炙彌陀，直至成佛而後已。世間之孝，孰能與此等者？又若能以此普告同人，令彼各各父母，皆得往生。則化功歸已，而親與自己之蓮品，更當高增位次矣。詩云：「孝子不匱，永錫爾類。」欲孝其親者，宜深思而力行之！

《印光法師文抄》上冊卷二 上海商務印書 一九二三年、《淨宗月刊》第八、久期合刊 一九四八年十二月一日

復高邵麟居士書

一

謝恩光來山，持閣下書。展讀之下，見其慕道心切而願力宏大，誓期深入而不肯得少為足，欣慰無量。至於過讚不慧，令人慚愧無似耳。

閣下欲了生死大事，況復年臨知命，來日無多，又無知識益友之可親近，而不專修淨業、一心念佛，而欲泛泛然研究諸經奧義典句，似未深知淨土法門之所以然者。宜往華嚴寺借閱《淨土十要》及《淨土聖賢錄》，息心詳閱，自知所趣。

一切眾生，皆是過去父母、未來諸佛，殺而食之，何能下咽？若知此義，即喪身失命亦不能吃一切肉矣！然佛之教人，循循善誘；上根則令其全斷，中下則令其漸減，而遂至於全斷耳。發願文文雖宏大，然須真實從心而發，方名為願。否則心口相違，何名為願？現世之願雖亦無妨，欲生福慧子孫，須從大積陰德廣行方便中求。況閣下年當六八，續娶三妻，但止生女，即此可徵宿世現生皆少栽培。今欲轉回天心，必須真實改過遷善，如明季袁了凡先生之篤實做去，斷未有不蒙感格而滿所願者。且勿謂吾家素寒，不能廣積陰德，大行方便。須知身口意三業皆惡，即莫大之惡，倘三業皆善，即莫大之善。至如愚人不信因果，不信罪福報應；侃侃鑿鑿，依《安士全書》等所說，為其演說，令其始則漸信因果，繼則深信佛法，終則往生西方，了生脫死。一人如是，功德尚無量無邊，何況多人？然須躬行無玷，方可感化同人。自己妻女能信受奉行，別人自能相觀而善矣。豈在資財多乎哉？但求不飢不寒，何思財發巨萬？遺子黃金滿籯，不如教子一經。祖德若虧，便當愧死，祖業縱虧，有何所傷？而以來日無多之身，思欲頓復，徒生妄想，了無實益。且自隨緣度日，便為樂天知命矣。

健壽處世，有順無逆，世人誰不願得？然而得者甚少，不得者甚多。以宿世現生，無大栽培，無因不能得果故也。今閣下欲生西方了生死。但當願高曾祖父母等神識，仗自己自行化他修持淨業之力，即蒙佛慈接引往生，則可謂大孝尊親。其不絕先祖祀，及復祖業等，皆世間凡情所共知見之淺近境界也。況求生西方者，不可怕死。若今日即死，今日即生西方。所謂「朝聞道，夕死可矣。」豈可今日要死，且不願死。既貪戀塵境，不能放下，便因貪成障，淨土之境不現，而隨業受生於善惡道中之境便現。境現，則隨業受生於善惡道中矣。往生西方便成畫餅。故修西方人，今日死也好，再活一百二十歲也好，一切任彼前業，不去妄生計校。倘信願真切，報終命盡，便即神超淨域，業謝塵勞，蓮開九品之花，佛授一生之記矣。又世人無子，每多廣置妾媵，不知培德節欲。如此乃是速死之法，非求子之道。此事上關風化及與宗祀，人皆冒昧而為，其於人之大倫，不亦有愧於衷乎？

不慧人微德薄，百無一能，寄食普陀，苟延殘喘，不敢為人作師。故謝恩光在先亦有此說，皆辭而不受。閣下皈依三寶，隨於本地擇其品行端方者，拜以為師，則已得為如來弟子矣。下次再有筆札，不得用皈依字樣。貴地既無明眼通人，光自愧道業未成，不敢作師。然復隨緣開示者，喻如無足之人，一步難移，安坐三叉路口，有欲直達家鄉，不知所趣者，指令得其正道，速達家鄉。而歸家之人，斷不以彼之不能行，並其言而廢之也。

二

來書言禮《法華經》攝心念佛，及欲寡其過而未能，擬欲依功過格日常檢點，足見汝近來操修實屬為己之學，非如今人之唯欲沽名邀譽，自欺欺人之可比也。幸甚幸甚！

禮誦持念，種種修持，皆當以誠敬為主。誠敬若極，經中所說功德，縱在凡夫地不能圓得，而其所得，亦已難思難議。若無誠敬，則與唱戲相同，其苦樂悲歡皆屬假妝，不由中出，縱有功德，亦不過人天癡福而已。而此癡福，必倚之以造惡業，其將來之苦，何有了期？當以此意普告同儕，俾修須真修，行須實行，則其利溥矣。

所立拜經規矩，理固無礙，若依事相論之，若儱侗通拜，當念「南無大乘妙法蓮華經法華會上佛菩薩」，拜下想禮經偈云：「真空法性如虛空，常住法寶難思議。我身影現法寶前，一心如法歸命禮。」想全經放光，及經中所說佛菩薩各個放光，照觸自身，及法界有情。若逐字禮拜，當念一心頂禮《大乘妙法蓮華經》某字法寶，拜某字則念某字。從如是我聞，至經盡，皆如此念。然觀想一法，大非易事，若理路不清及心識紛亂，或致起諸魔事。但以至誠恭敬為主，能觀則觀，否則竭誠致敬，驀直拜去，亦自功德無量。若汝所立章程，對經而拜，拜下想偈，及拜起念佛觀佛，固不若供經佛前，專一禮阿彌陀佛為專精一致。且勿謂緣想一佛不如緣想多佛之功德大，須知阿彌陀佛是法界藏身；所有十方法界諸佛功德，阿彌陀佛一佛全體具足。如帝網珠，千珠攝於一珠，一珠遍於千珠，舉一全收，無欠無餘。若又修大士，緣境不妨寬廣，境愈寬而心愈專一；若初心末學，緣境若寬，則心識紛散，而障深慧淺，或致起諸魔事，故我佛世尊及歷代諸祖，皆令一心專念阿彌陀佛者此也。待其念佛得證三昧，則百千法門，無量妙義，咸皆具足。古人謂：「已浴大海者，必用百川水。身到含元殿，不須問長安。」一可謂最善形容者矣。

至於止惡修善，刻實檢察，雖莫善於功過格，然使心不主於誠敬，縱日記功記過，亦是虛文。功過格此間未有其書，若約予所見，但當主敬存誠，於二六時中，不使有一念虛浮怠忽之相。及與世人酬酢，唯以忠恕為懷，則一切時、一切處，惡念自無從而起。倘或宿習所使，偶爾忽生，而誠敬忠恕在懷，自能念起即覺，覺之即失，決不至發生滋長，舉三業而隨之矣。小人之所以偽為善而實為惡者，意謂人不我知，不知其不知者，但止世間凡夫耳。若得道聖人，固了了悉知。而天人鬼神雖未得道，以報得他心通，亦了了悉知。況聲聞、緣覺、菩薩諸佛，他心道眼，圓見三世，如視諸掌者乎？欲無知者，唯己不知則可耳。己若自知，則天地鬼神、佛菩薩等，無不悉知之而悉見之矣。若知此義，雖暗室屋漏之中，不敢怠忽。人所不知之地，不敢萌惡。以天地鬼神諸佛菩薩共知，縱不知慚愧者，知此亦當慚愧無地矣。況真修實踐之士哉！故欲寡其過，先須從畏此諸聖凡悉知悉見起。見先哲於羹牆，慎獨知於衾影，猶是約世間情見而淺近言之，實則我心與十方法界，覿體吻合。由我迷故，其知局在於一身。彼十方法界聖人，徹證自心本具之法界藏心，凡法界中一切有情舉心動念，無不親知親見，何以故？以同稟真如，自他無二故。若知此義，自能戰兢惕厲，主敬存誠。初則勉力息妄，久則無妄可得矣（惡念原屬妄想，若不覺照，便成實惡。倘能覺照，則妄想滅而真心現矣）。

三

書中語語真實，欲得佛法實益，但以未知淨土法門之所以，其心願便與佛願相違。世之修持求了生死者多矣。然每每以己愚見，測度如來不思議大法。遂致北轅適越，不能了脫。今生尚無正見，況來生乎？萬一復得人身，而被今生所修之癡福所迷，安望其更加精進以求出離也耶？

佛說一切大小權實法門，皆須仗己功力，斷惑證真，方出生死。若惑業有一絲毫，生死決定難出。是以從生至生，從劫至劫，展轉修持，或有力量充足，直進不退即能了脫者，多皆旋覺忽迷，暫進久退，經塵點劫，不能出離。所以爾我今日尚為凡夫，皆坐不知如來普被三根，至極圓頓之淨土法門故也。汝縱未親知識，亦曾誦《彌陀經》、《無量壽經》、《十六觀經》，及各淨土〈發願文〉、〈龍舒文〉、《歸元直指》，彼皆令即生往生，汝偏欲展轉來生。佛愍眾生無力斷惑，難了生死，故特開一仗佛慈力帶業往生之橫超法門，無論斷惑與否，若具真信切願，持佛名號（此是正行），及修行眾善，回向往生（此是助行），無一不得生者。即五逆、十惡之人，臨終地獄相現，若心識不迷，聞善知識教以念佛求生西方，若念十聲，或止一聲，當下命終亦得往生（此在《十六觀經．下品．下生章》，係金口誠言）。既往生已，即已高預海會，永出輪迴。漸次進修，以圓佛果。若以逆惡罪人不聞此不思議法，經塵點劫，難出地獄；餓鬼畜生尚難得，況欲得人身而修行了生死耶？當須發決定心，臨終定欲往生西方。且莫說碌碌庸人之身，不願更受，即為人天王身，及出家為僧，一聞千悟，得大總持、大宏法化、普利眾生之高僧身，亦視之若毒荼罪藪，決定不生一念欲受之心。如是決定，則己之信願行方能感佛，佛之誓願方能攝受。感應道交，蒙佛接引，直登九品，永出輪迴矣。三皈五戒，為入佛法之初門，修餘法門，皆須依此而入，況即生了脫之至簡至易，至圓至頓之不思議淨土法門耶？不省三業、不持五戒，即無復得人身之分，況欲得蓮華化生，具足相好光明之身耶？

汝日暮途遠，宜從徑直之法。且專門讀誦淨土三經，及〈普賢行願品〉，研究淨土諸經注疏。若諸語錄、「金剛」、「法華」且先置之度外。以事宜急先，心無二用故也。至於寡過一事，實為儒佛切要工夫。蘧伯玉行年五十而知四十九年之非。使人謂其欲寡其過而未能。此實在意地上用功，非身口動輒有過也。在家居士日與常人酬酢，固宜刻刻隄防，否則不但意業不淨，即身口亦或污穢不淨。欲其自他兼利，莫過於多識前言往行，以存龜鑑。《安士全書》實為古今第一融通儒佛心法，詳示因果報應，及修持方法之導俗奇書。宜常翻閱，庶無疑不釋，無行不謹矣。《法苑珠林》，更加闊大，雖非甚深經典，然初心由淺及深，則無誤會之失。若不先悉罪福因果，便擬直探第一義諦實相妙理，或恐見地不清、錯認消息，則以迷為悟，求升反墜矣。汝既專修淨土，宜以蓮池大師新定〈淨土發願文〉為主（《省庵語錄》下卷有此願文註解，閱之自知其妙）。汝自立四願，或兼用或不用皆可。以彼願文，事理周到，了無一義一法之滲漏。彼云法界，則包括無遺。汝云大千，校法界量，奚啻大地一塵，大海一滴。歷觀汝書，似是真實在心地上用功。然今之學者，每每專說假話，不修實行。意擬沽名邀譽以求體面，並非真實自省寡過而作是言也。此名自暴自棄，名大妄語，名不知慚愧。若非此等，則為聖賢之徒，若帶此氣，則是下流坯，乃法之罪人，佛之逆子。有則改之，無則加勉，直心直行，方與佛合。

又自既修持淨業（謂改過遷善及念佛。即生即願往生西方），亦當教一切相識者亦修淨業。宜依龍舒文普勸門，令其隨分隨力，種此不思議善根。然既欲教人，須由親及疎。妻妾子女，忍不令得此利益乎？文王刑於寡妻，至於兄弟，以御於家邦。世、出世、自行、化他，莫不如是。汝專求往生，晨朝十念外，凡行往坐臥，語默動靜，著衣吃飯，屙屎放尿，一切時，一切處，皆當以六字洪名置之心口之間。但於如法時處，聲默隨宜。若大小便睡眠，則只許默念，切勿出聲。默則功德齊等，聲則不恭。睡則又加傷氣，不可不知。須知西方極樂世界，莫說凡夫不能到，則小乘聖人亦不能到。以彼係大乘不思議境界故也。小聖回心向大即能到。凡夫若無信願感佛，縱修其餘一切勝行，並持名勝行，亦不能往生。是以信願最為要緊。藕益云：「得生與否，全由信願之有無。品位高下，全由持名之深淺。」乃千佛出世不易之鐵案也。能信得及，許汝西方有分（《彌陀經》、《無量壽經》、《觀無量壽佛經》〔亦名《十六觀經》〕此名《淨土三經》；加〈普賢行願品〉，名《淨土四經》。仿單中有《淨土四經》一本。其《無量壽經》，係魏承貫刪削，又依餘經增益，理雖有益，事實大錯，不可依從）。

四

接手書，知居士近來修持親切，自訟寡過，希聖希賢，非徒博一修行之虛名而已。欣喜無量。

夫欲學佛祖了生死，須從慚愧懺悔，止惡修善而來（慚愧懺悔、止惡修善，即自訟寡過、克己復禮。若能自訟；自然寡過，寡過即克己之實行。既能克己；自然復禮矣）。持齋警策，意甚真切。但須腳踏實地，盡力做去，否則便成妄語中妄語。知之匪艱，行之維艱。世間多少聰明人，皆以唯說不行了此一生，徒入寶山，空手而歸。可痛惜哉！可痛惜哉！若夫妄念滿腔，憧憧往來，朋從爾思，由未真提正念故也。倘正念真切，則朋從於專注一境之正念矣。所謂調御得法，則寇賊皆為赤子。調御失道，雖手足亦作怨家。在凡夫地，誰無煩惱？須於平時預先提防，自然遇境逢緣，不至卒發。縱發亦能頓起覺照，令其消滅。起煩惱境，不一而足，舉其甚者，唯財色與橫逆數端而已。若知無義之財害甚毒蛇，則無臨財苟得之煩惱。與人方便，究竟總歸自己前程，則無窮急患難求救，由惜財而不肯之煩惱。色則縱對如花如玉之貌，常存若姊若妹之心；縱是娼妓，亦作是想，生憐憫心，生度脫心。則無見美色而動慾之煩惱。夫婦相敬如賓，視妻妾為相濟繼祖之恩人，不敢當作彼此行樂之欲具；則無徇欲滅身，及妻不能育子，不成立之煩惱。子女從小教訓，則無忤逆親心、敗壞門風之煩惱。至橫逆一端，須生憐憫心，憫彼無知，不與計較，又作自己前生曾惱害過彼，今因此故，遂還一宿債，生歡喜心，則無橫逆報復之煩惱，然上來所說乃俯順初機，若久修大士，能了我空，則無盡煩惱悉化為大光明藏。譬如刀以磨利，金以煉純，蓮因淤泥滋培，方得清淨光潔，境無自性，損益在人。三業四儀（四儀即行往坐臥），常持顏淵之四勿。五戒十善，必效曾氏之三省。暗室雖無人見，而天地鬼神咸知。念始萌乎隱微，罪福判若天淵。若能如是修省，將見舉動皆善，惡無從生矣。此實正心誠意之宏規，利勿謂釋氏瑣屑，不若儒者之簡捷也。

若論念佛法門，唯以信、願、行三法為其宗要。三法具足，決定往生。若無真信切願，縱有真行，亦不能生。況悠悠泛泛者哉？蕅益所謂：「得生與否，全由信願之有無。品位高下，全由持名之深淺。」乃三世不易之常談，三根普被之妙道也。宜通身靠倒，庶親證實益耳。信願行三《十要》中皆悉詳示。而第一要，《彌陀要解五重玄義》中，第三明宗發揮三法最為精詳。其後節節段段皆有指示，宜細參閱，此不備書。至於念佛，心難歸一，當攝心切念，自能歸一。攝心之法，莫先於至誠懇切。心在至誠，欲攝莫由。既至誠已，猶未純一，當攝耳諦聽。無論出聲、默念，皆須念從心起，聲從口出，音從耳入（默念雖不動口，然意地之中亦仍有口念之相）。心口念得清清楚楚，耳根聽得清清楚楚，如是攝心，妄念自息矣。如或猶湧妄波，即用十念記數，則全心力量，施於一聲佛號，雖欲起妄，力不暇及。此攝心念佛之究竟妙法，在昔宏淨土者，尚未談及。以人根尚利，不須如此，便能歸一故耳。印光以心難制伏，方識此法之妙。蓋屢試屢驗，非率爾臆說。願與天下後世鈍根者共之，令萬修萬人去耳。所謂十念記數者，當念佛時，從一句至十句，須念得分明，仍須記得分明。至十句已，又須從一句至十句念，不可二十、三十。隨念隨記，不可掐珠，唯憑心記。若十句直記為難，或分為兩氣，則從一至五從六至十。若又費力，當從一至三，從四至六，從七至十作三氣念。念得清楚，記得清楚，聽得清楚，妄念無處著腳。一心不亂，久當自得耳。須知此之十念，與晨朝十念，攝妄則同，用功大異。晨朝十念，儘一口氣為一念，不論佛數多少；此以一句佛為一念。彼唯晨朝十念則可，若二十、三十，則傷氣成病。此則念一句佛，心知一句，念十句佛，心知十句。從一至十，從一至十，縱日念數萬，皆如是記。不但去妄，最能養神。隨快隨慢，了無滯礙。從朝至暮，無不相宜。較彼掐珠記數者，利益大殊，彼則身勞而神動，此則身逸而心安。但作事時，或難記數，則懇切直念。作事既了，仍復攝心記數。則憧憧往來者，朋從於專注一境之佛號中矣。大勢至謂「都攝六根，淨念相繼，得三摩地，斯為第一。」利根則不須論。若吾輩之鈍根，捨此十念記數之法，欲都攝六根，淨念相繼，大難大難！又須知此攝心念佛之法，乃即淺即深，即小即大之不思議法。但當仰信佛言，切勿以己見不及，遂生疑惑，致多劫善根由茲中喪，不能究竟親獲實益，為可哀也。掐珠念佛，唯宜行住二時，若靜坐養神，由手動故，神不能安，外則受病。此十念記數，行住坐臥皆無不宜。臥時只宜默念，不可出聲。若出聲，一則不恭，二則傷氣。切記切記！

居士以年將半百，身繫樊籠，素未參尋知識，倘欲即生了脫，但當專主淨土一門。「金剛」、「法華」且先置之度外，待淨土大通，一心已得後，再行研究不晚也。若此刻便即從事，恐智力不給，得彼失此。一法未精，二利咸失耳。《揀魔辨異錄》係禪宗，深通教理者尚不易知，況居士乎？凡禪宗典章，概勿研究，以禪宗意在言外，若按文解義，則錯會佛法，以善因而招惡果。《釋氏稽古略》乃記事之書，而以禪宗為主。凡屬此種言句，皆當置之勿究可也。吾常謂欲得佛法實益，須向恭敬中求。有一分恭敬，則滅一分罪業，增一分福慧。有十分恭敬，則滅十分罪業，增十分福慧。若全無恭敬，雖種遠因，其褻慢之罪，有不堪設想者。凡見一切信心者，皆須以此意告之。此係從初心至究竟之決定實義，若當作腐僧迂談，便為自暴自棄，豈特孤負印光，實為孤負自己也已。

《印光法師文抄》上冊卷二 上海商務印書 一九二二年、《淨宗月刊》第十、十一期合刊 一九四九年二月一日

與陳錫周居士書

如來出世，說法度生，原欲一切眾生直下了生脫死，親證無上覺道而已。但以眾生根機不等，不能究竟暢佛本懷，只得隨順機宜，循循善誘。大根則稱性直談，為說佛乘，令其即生圓證佛果，如《華嚴經》之善財，《法華經》之龍女等。次則為說菩薩乘、緣覺乘、聲聞乘，令其漸次修習，漸次證果。又其次則為說五戒十善，令其不墮惡道，受人天身，漸種善根。隨其所種善根大小，將來於三乘法中，隨宿善力發諸現行。或依菩薩乘修六度萬行而得親證法身；或依緣覺、聲聞乘悟十二因緣及四諦法而得斷惑證真。此諸法門雖則大小不同，頓漸各異。然一一皆須自己修習力深，斷惑證真，方可超出輪迴，了生脫死。若三界內見思二惑，絲毫未盡，則生死根本未能斬斷，縱令定慧力深，依舊無由解脫。如三果聖人，尚生五不還天，經許多劫方證四果。若證四果；則生死根本斷盡無餘。然只是小果聲聞，尚須回己所證小果，趣向如來大道；於 十方世界乘願受生，廣行六度萬行，上求佛道，下化眾生，隨己功行深淺，或漸或頓，以次證人十住、十行、十回向、十地、等覺諸位。至等覺已，再破一品無明，證一分三德，便入妙覺位而成佛矣。

如來代時教，所說法門雖則無量無邊，其證入地位畢竟不能超越於此。雖禪宗直指人心，見性成佛，為最圓頓直捷。然見性成佛乃約本有法身，不涉凡聖因果修證而論。若依修證地位而言，亦與教家了無異趣。而末世之中，人根陋劣，知識鮮少，悟者尚難其人，何況實證？如來知諸眾生唯仗自力了脫之難，故於一切法門之外，特開念佛求生淨土一門，但能信願真切，即五逆、十惡極重罪人，臨命終時地獄相現，有善知識教以念佛，若能念佛十聲，或止數聲，或止一聲，亦得蒙佛慈力，接引往生。況彼修行世善，不作諸惡者乎？若是精修梵行，禪定力深，則往生品味更高，見佛聞法最速。即大徹大悟、斷惑證真之人，亦須回向往生，以期圓證法身，速成佛果。其餘法門，小法則大根不須修，大法則小根不能修，唯茲淨土一門，三根普被，利鈍全收。上之則觀音、勢至、文殊、普賢，不能超出其外。下之則五逆、十惡、阿鼻種性亦可預入其中。使如來不開此法，則末世眾生欲即生了生脫死，便絕無企望矣！然此法門如是廣大，而其修法又極簡易，由此之故，非宿有淨土善根者，便難諦信無疑。不但凡夫不信，二乘猶多疑之。不但二乘不信，權位菩薩猶或疑之。唯大乘深位菩薩方能徹底了當，諦信無疑。能於此法深生信心，雖是具縛凡夫，其種性已超二乘之上。喻如太子墮地，貴壓群臣，雖其才德未立，而仗王力故，感如此報。修淨土人，亦復如是。由以信願持佛名號，即能以凡夫心投佛覺海，故得潛通佛智，暗合道妙也。

欲說淨土修法，若不略陳諸法仗自力了脫之難，此法仗佛力往生之易，則不是疑法，便是疑自。若有絲毫疑心，則因疑成障；莫道不修，修亦不得究竟實益也。由是言之，信之一法，可不急急講求，以期深造其極乎哉？所言信者，須信娑婆實實是苦，極樂實實是樂。娑婆之苦，無量無邊，總而言之，不出八苦，所謂生、老、病、死、愛別離、怨憎會、求不得、五陰熾盛。此八種苦，貴極一時、賤至乞丐，各皆有之。前七種是過去世所感之果，諦思自知，不須詳說，說則太費筆墨。第八五陰熾盛苦，乃現在起心動念，及動作云為，乃未來得苦之因。因果牽連，相續不斷，從劫至劫，莫能解脫。五陰者，即色、受、想、行、識也。色，即所感業報之身，受、想、行、識，即觸境所起幻妄之心。由此幻妄身心等法，於六塵境起惑造業，如火熾然不能止息，故名熾盛也。又陰者，蓋覆義，音義與蔭同。由此五法蓋覆真性，不能顯現，如濃雲蔽日，雖杲日光輝了無所損，而由雲蔽故，不蒙其照。凡夫未斷惑業，被此五法障蔽，性天慧日不能顯現，亦復如是。此第八苦，乃一切諸苦之本，修道之人，禪定力深，於六塵境界了無執著，不起憎愛，從此加功用行，進證無生，則惑業淨盡，斬斷生死根本矣。然此工夫大不容易，末世之中得者實難，故須專修淨業，求生極樂；仗佛慈力，往生西方。既得往生，則蓮花化生，無有生苦。純童男相，壽等虛空，身無災變。老病死等，名尚不聞，況有其實？追隨聖眾，親侍彌陀，水鳥樹林皆演法音，隨己根性，由聞而證。親尚了不可得，何況有怨？思衣得衣，思食得之，樓閣堂舍皆是七寶所成，不假人力，唯是化作。則翻娑婆之七苦，以成七樂。至於身則有大神透，有大威力，不離當處，便能於一念中，普於十方諸佛世界作諸佛事——上求下化。心則有大智慧，有大辯才，於一法中徧知諸法實相，隨機說法，無有錯謬。雖說世諦語言，皆契實相妙理。無五陰熾盛之苦，享身心寂滅之樂。故經云：「無有眾苦，但受諸樂，故名極樂也。」娑婆之苦，苦不可言，極樂之樂，樂莫能喻。深信佛言，了無疑惑，方名真信。切不可以凡夫外道知見，妄生猜度，謂淨土種種不思議勝妙莊嚴皆屬寓言，譬喻心法，非有實境。若有此種邪知謬見，便失往生淨土實益。其害甚大，不可不知。

既知娑婆是苦，極樂是樂，應發切實誓願，願離娑婆苦，願得極樂樂。其願之切，當如墮廁坑之急求出離，又如繫牢獄之切念家鄉，已力不能自出，必求有大勢力者提拔而出。娑婆世界一切眾生，於逆順境起貪瞋癡、造殺盜淫，穢污本有妙覺明心，乃無底之廁坑。既造惡業，必受惡報，久經長劫，輪迴六道，乃不赦之牢獄。阿彌陀佛於往劫中，發四十八願，度脫眾生。有一願云：「若有眾生聞我名號，求生我國，乃至十念，若不生者，不取正覺。」阿彌陀佛誓願度生，若眾生不求接引，佛亦無可奈何。倘志心稱名，誓求出離娑婆者，無一不蒙垂慈攝受也。阿彌陀佛有大勢力，能拔娑婆無底廁坑不赦牢獄之人，直下出離其中，悉皆安置於極樂本身有家鄉，令其入佛境界，同佛受用也。欲生西方，最初須有真信切願；若無真信切願，縱有修行，不能與佛感應道交，只得人天福報，及作未來得度之因而已。若信願具足，則萬不漏一。永明所謂萬修萬人去者，指信願具足者言也。既有真信切實，當修念佛正行。以信願為先導，念佛為正行。信願行三，乃念佛法門宗要。有行無信願，不能往生；有信願無行，亦不能往生。信願行三，具足無缺，決定往生。得生與否，全由信願之有無；品味高下，全由持名之深淺。言念佛正行者，各金自己身分而立，不可定執一法。

如其身無事累，固當從朝至暮、從暮至朝、行往坐臥、語默動靜、穿衣吃飯、大小便利、一切時、一切處，令此一句洪名聖號不離心口。若盥漱清淨、衣冠整齊，及地方清潔，則或聲或默，皆無不可。若睡眠及裸露澡浴、大小便時，及至穢污不潔之處，只可默念，不宜出聲。默念功德一樣，出聲便不恭敬。勿謂此等時處念不得佛，須知此等時處，出不得聲耳。又睡若出聲，非唯不恭，且致傷氣，不可不知。雖則長時念佛，無有間斷，須於晨朝向佛禮拜畢，先念《阿彌陀經》一遍，〈往生咒〉三遍畢，即念〈讚佛偈〉；即〈阿彌陀佛耳金色偈〉。念偈畢，念南無西方極樂世界大慈大悲阿彌陀佛，隨即但念南無阿彌陀佛六字，或一千聲，或五百聲，當圍繞念。若不便繞，或跪或坐或立皆可。念至將畢，歸位跪念觀音、勢至、清淨大海眾菩薩各三稱。然後念淨土文，發願回向往生。念淨土文者，令依文義而發心也。若心不依文而發，則成徒設虛文，不得實益矣！淨土文畢，念三歸依，禮拜而退。此為朝時功課，暮亦如之。若欲多多禮拜者，或在念佛歸位之時，則禮若干拜佛外，九稱菩薩，即作九禮。禮畢即發願回向；或在功課念畢禮拜。隨己之便，皆無不可。但須懇切至誠，不可潦草粗率。蒲團不可過高，高則便不恭敬。若或事務多端，略無閒暇。當於晨朝盥漱畢，有佛則禮佛三拜，正身合掌念南無阿彌陀佛；盡一口氣為一念，念至十口氣，即念小淨土文。或但念願生西方淨土中四句偈。念畢禮佛三拜而退。若無佛即向西問訊，照上念法而念。此名十念法門。乃宋慈雲懺主為王臣政務繁劇，無暇修持者所立也。何以令儘一口氣念？以眾生心散，又無暇專念；如此念時，借氣攝心，心自不散。然須隨氣長短、不可強使多念，強則傷氣。又止可十念，不可二十、三十，多亦傷氣。以散心念佛，難得往生。此法能令心歸一處，一心念佛，決定往生。

念數雖少，功德頗深，極閑極忙，既各有法。則半閑半忙者，自可斟酌其間而為修持法則也。

又念佛之人，必須事事常存忠恕，心心提防過愆。知過必改，見義必為，方與佛合。如是之人，決定往生；若不如是，則與佛相反，決難感通。又舉凡禮拜讀誦大乘經典，及作一切於世於人有益之事，悉皆以此回向西方，不可唯以念佛回向西方。其餘功德另去回向世間福報，則念不歸一，便難往生。須知真能念佛，不求世間福報，而自得世間福報（如長壽無病、家門清泰、子孫發達、諸緣如意、萬事吉祥等）。若求世間福報，不肯回向往生，則所得世間福報反為下劣。而心不專一，往生便難決定矣。

此念佛法門，一代時教大乘經典盡皆讚揚。小乘經中絕不提起。有不通教理者，斥為小乘，乃無知邪說，不可聽從。又乩壇所說，多屬靈鬼依託，當人之智識而作。若說世間道理，則是者尚多；若說佛法，則非己所知，妄造謠言。如《金剛直解》後所附之先天古佛寶號，乃滅人慧命、瞎人正眼、極惡無比之魔話。以此施人，罪過無量矣。

《印光法師文抄》上冊卷一 上海商務印書 一九二二年

與衛錦洲居士書

因鄰火延燒，物屋一空，其妻驚駭病故，遂心神迷悶，如醉如狂。

《法華經》云：「三界無安，猶如火宅。眾苦充滿，甚可怖畏。」天之所以成就人者，有苦有樂、有逆有順、有禍有福，本無一定。唯在當人具通方眼，善體天心，則無苦非樂、無逆非順、無禍非福矣。是以君子樂天知命，上不怨天、下不尤人、隨遇而安，無往而不自在逍遙也。所以素富貴行乎富貴（素者現在也。行者優游自得之意。富則周濟貧窮，貴則致君澤民，盡其富貴之分，是之謂素富貴行乎富貴也），素貧賤行乎貧賤（若家無餘財，身未出仕，則守乎貧賤之節，不敢妄為），素夷狄行乎夷狄（若盡忠被讒，貶之遠方，如雲貴、兩廣、黑龍江等。則心平氣和，不怨君上、不恨讒人，若自己就是彼地之人一樣），素患難行乎患難（或者不但遠貶，且加之以刑。輕則楚打監牢，重則斬首分尸，或至滅門，仍然不怨君上、不恨奸黨。若自己應該如此一樣。人與之患難，倘然如是，何況天降之患難，豈有怨恨者乎？如是之人，則人愛之、天護之，或在此生、或在後世、或在子孫，決定有無窮之福報，以酬其德矣）。居士雖有好善之資，未明儒佛至理，以故一遇逆境，便發狂亂耳。

今諭之日，世間最博厚高明者，莫過天地日月，而日中則昃，月盈則食。高岸為谷，深谷為陵，滄海變桑田，桑田成滄海。古今最道高德備者，莫過孔子。而且絕糧於陳，被圍於匡，周遊列國卒無所遇。只有一子，年才五十即便死亡。幸有一孫得綿世系。降此而下，顏淵短命，冉伯牛亦短命。子夏喪明，左邱明亦喪明。屈原沉江（屈原盡忠被讒，後以懷王被秦所留，不勝憂憤，而力無能為。五月五日，沉於汨羅江中）。子路作醢（醢音海，肉醬也。子路仕衛，衛蒯聵與其子輒爭國，子路死於其難，遂被敵兵斬作肉醬）。天地日月猶不能令其常然不變。大聖大賢亦不能令其有順無逆，唯其樂天知命，故所遇無不安樂也。而且千百世後，自天子以至庶人，無不景仰。以當時現境論之，似乎非福；以道傳後世論之，則福孰有過於此者。人生世間，千思萬算，種種作為究到極處，不過為養身口，遺子孫而已。然身則粗布亦可遮體，何必綾羅綢緞？口則菜羹儘可過飯，何必魚肉海味？子孫則或讀書、或耕田、或為商賈，自可養身，何必富有百萬？且古今為子孫謀萬事之富貴者，莫過秦始皇：吞併六國、焚書坑儒、收天下兵器以鑄大鐘，無非欲愚弱其民，不能起事。誰知陳涉一起，群雄並作，一統之後，不上十二三年，便致身死國滅，子孫盡遭屠戮；直同斬草除根，靡有孑遺。是欲令子孫安樂者，反使其速得死亡也！漢獻帝時，曹操為丞相，專其威權。凡所作為，無非弱君勢，重己權，欲令自身一死，子便為帝。及至已死，曹丕便篡，而且尸猶未殮，丕即移其嬪妾納於己宮。死後永墮惡道，歷千四百餘年，至清乾隆間，蘇州有人殺豬出其肺肝，上有曹操二字。鄰有一人見之，生大恐怖，隨即出家，法名佛安，一心念佛，遂得往生西方，事載《淨土聖賢錄》。夫曹操費盡心機為子孫謀，雖作皇帝，止得四十五年，國便滅亡。而且日與西蜀東吳互相爭伐，何曾有一日安樂也！下此若兩晉、宋、齊、梁、陳、隋及五代之梁、唐、晉、漢、周，皆不久長。就中唯東晉最久，僅一百三年。其他或二三年、或八九年、一二十年、四五十年，即便滅亡。此乃正統，其餘竊據偽國，其數更多，其年更促。推其初心，無非欲遺子孫以富貴尊榮。究其實效，反令子孫遭劫受戮，滅門絕戶也。且貴為天子，富有四海，尚不能令子孫世受其福，況區區凡夫，從無量劫來所作惡業厚逾大地，深逾大海，可保家道常興，有福無殃也耶？須知世間萬法悉皆虛假，了無真實，如夢如幻、如泡如影、如露如電、如水中月、如空中花、如熱時燄、如乾闥婆城（梵語乾闥婆，此云尋香。乃天地樂神，其城乃幻現非實，世俗所謂蜃樓海市即此也）。唯自己一念心性，亙古亙今，不變不壞。雖不變壞，而常隨緣，隨悟淨緣，則為聲聞、為緣覺、為菩薩、為佛；由功德有淺深，故果位有高下。隨迷染緣，則生天上、生人間、墮修羅、墮畜生、墮餓鬼、墮地獄；由罪福有輕重，故苦樂有短長。若不知佛法之人，則無可如何。汝既崇信佛法，何不由此逆境看破世相，捨迷染緣，隨悟淨緣，一心念佛，求生西方，從茲永出六道之輪迴，高證四聖之果位，豈不是因此小禍，常享大福耶？而乃昧昧不了，如醉如狂。倘若焦思過度，或致喪身失命，則長劫難出輪迴矣。而且弱妾孤子，何以自立？本欲自利利他，反成自害害他（他謂妾與子也）。何愚癡一至於此也！

經云：「菩薩畏因，眾生畏果。」菩薩恐遭惡果，預先斷除惡因，由是罪障消滅，功德圓滿，直至成佛而後已。眾生常作惡因，欲免惡果，譬如當日避影，徒勞奔馳。每見無知愚人，稍作微善即望大福，一遇逆境，便謂作善獲殃，無有因果，從茲退悔初心，反謗佛法。豈知報通三世，轉變由心之奧旨乎？報通三世者，現生作善作惡，現生獲福獲殃，謂之現報。今生作善作惡，來生獲福獲殃，謂之生報。今生作善作惡，第三生、或第四生、或十百千萬生，或至無量無邊劫後方受福受殃者，謂之後報。後報則遲早不定。凡所作業，決無不報者。轉變由心者，譬如有人所作惡業，當永墮地獄，長劫受苦。其人後來生大慚愧，發大菩提心，改惡修善，誦經念佛，自行化他，求生西方。由是之故，現生或被人輕賤，或稍得病苦，或略受貧窮，與彼一切不如意事。先所作永墮地獄長劫受苦之業即便消滅，尚復能了生脫死，超凡入聖。《金剛經》所謂：「若有人受持此經，為人輕賤，是人先世罪業應墮惡道，以今世人輕賤故，先世罪業即為消滅；當得阿耨多羅三藐三菩提」者，即轉變由心之義。世人稍遇災殃，不是怨天，便是尤人，絕無有作償債想，生悔罪心者。須知種瓜得瓜、種豆得豆，種稂莠則不能得嘉穀，種荊棘則勿望收稻粱。作惡獲福者，宿世之栽培深也。若不作惡，則福更大矣。譬如富家子弟，吃喝嫖賭，揮金如土，而不即凍餒者，以其金多也。倘日日如是，縱有百萬之富，不幾年即便家敗人亡，掃地而盡矣。作善遇殃者，宿世之罪業深也。若不作善，則殃更大矣。譬如犯重罪人，未及行刑，復立小功，以功小故，未能全赦，改重為輕。倘能日日立功，以功多且大故，罪盡赦免，又復封侯拜相，世爵位，與國同休。

大丈夫生於世間，當具超格知見，豈可使身外之物累壞自身？譬如金珠滿屋，強盜來搶，只宜捨之速逃，豈可守財待死？良以金珠雖貴，若此身命，猶然輕賤。既不能兩全，只可捨金珠而全身命耳！且汝財物已燒，空憂何益？惟宜隨緣度日，竭力念佛，求生西方，則盡未來際，永離眾苦，但受諸樂。如是則由此火災成無上道，當感恩報德之不暇，何怨恨迷悶之若是耶？祈以予言詳審忖度，當即釋然解脫，如撥雲霧以見天日。從茲即災殃翻為善導，轉熱惱直下清涼矣。倘猶執迷不悟，勢必發顛發狂，則本心已喪，邪魔附體，縱令千佛出世，亦不能奈汝何矣！

《印光法師文抄》上冊卷二上海商務印書一九二二年

復泰順林介生居士書

一

不慧為儒未能，學佛不就，久離故鄉，欲反未能，每一省察，慚惶無地。忽接華翰，若遇故人。但書中讚譽過分，令人如鈇鉞耳。祈以後再有筆談，勿用此套。

令兄枝芬於七月十四日晤面。因詢居士修持家道，言其為善益力，道念日增，但以家門不幸，令郎早夭，二孫尚幼，頗懷憂思。予聞不禁慨然長嘆，須知逆來順受始名樂天，修身植德方曰盡性。世有愚人，不知夙生善惡，惟觀眼前吉凶，見作善而得禍，便謂善不當為，作惡而得福，便謂惡不足戒。不知善惡之報，非一朝一夕之故，其所由來者漸，譬如三尺之冰，豈一朝之寒所能結？百川之泮，亦豈一日之煖所能消？切不可怨天而尤人，猶豫而退悔。宜學俞淨意之修身，袁了凡之立命。將見二孫必成佳士，麟兒屢見誕生矣。

至於華嚴重建，誠屬莫大功德。然居處深山，募化維艱，只可隨緣，不宜勉強。有殿可供佛，有寮可以安身，行道居處有所庇覆，足矣！何必多造殿宇，廣列長廊，不為利益自他，惟取快悅俗目乎？

謝友才志雖高，可惜從未一遇通人。所言自悔時過難學者，特舉業耳。不知學聖賢之時，無過無不過，其學亦無難無易。何以言之？孔子七十，尚欲假年學易，為免大過計耳。豈為孰其詞義以雄筆札，得高爵者哉？十五志學，七十尚學，彼年臨四十，豈時過不能為學耶？堯舜之道，孝弟而已矣。一日克己復禮，天下歸仁焉。聖罔念而作狂，狂克念而成聖，有何難易之可論於其間哉？予謂謝友，為學莫善此際。有父母可以盡孝，有兄弟可以盡弟，有兒女可以教訓，有詩書可以取法，正合夫子居家為政之道，此時不學，真是時過難學矣！縱令文章蓋世，官居一品，終是一窮微極妙之藝人；非適時力學之儒士也。因聞佛語，遂持長齋，可知宿因深厚；廢棄前功，意欲出家，可知道眼昏朦。如來說法，恆順眾生，遇父言慈，遇子言孝，外盡人倫，內消情慮，使復本有真心，是名為佛弟子，豈在兩根頭髮上論也！況貴鄉僻居深山，知法者少，高明者以語言不通之故，皆不至其地，仗此好心，竭力學道，孝弟修而閭里感化，齋戒立而殺盜潛消。研究淨土經論，則知出苦之要道，受持《安士全書》，則知淑世之良謨。以淨土法門諭親，以淨土法門教子，及諸親識。正以生死事大，深宜痛恤我後，不必另擇一所，即家庭便是道場。以父母、兄弟、妻子、朋友、親戚盡作法眷，自行化他，口勸身率，使其同歸淨域，盡出苦輪，可謂戴髮高僧，居家佛子矣！宜以鄙意告之。倘聞此不加誹毀，又欲進步，路頭不決，身事暇適，不妨親至普陀來訪一番。否則但觀《淨土十要》，及《淨土聖賢錄》，自知取法，不勞更問他人矣。

令兄忠厚有餘，似與此道有緣。宜勸受持《安士全書》，庶不虛此一晤。《彌陀疏鈔》、《安士全書》各一部，隨書帶來，以結淨緣。

二

數載未晤，時常憶念。今秋令兄枝芬赴鄉試，持書來山，方悉居士近來操持。又言家門不幸，喪其愛子，旦夕憂思，不能置懷。予欲詳陳事理因果，以錄遺期迫，不能住宿，故略言之。

今嘉平望日，徹權師至，又言居士怨尤之狀，即無知俗人謂作善獲殃、修行無益等種種說，予聞之悽然！恐上智者因茲惰行，下愚者敢於作惡，固不揣固陋，直詞以告。如來說經，報通三世。凡人生子，略有四因。

報通三世者，第一現報：謂現在作善作惡，現在獲福獲殃，如士子習舉業，現身得功名，此凡眼能見者。第二生報：謂今生作善作惡，來生享福受罪，如祖父重斯文，子孫方發達，此則凡眼所不能見，天眼猶能見之（今生來生，皆約本人說。然隔世之事，難以喻顯，權約祖父子孫，欲人易了，不可以詞害義。至禱）。第三後報：謂今生作善作惡，至第三生、或四五六七生、或十百千萬生、或一十百千萬劫，或至無量無邊恆河沙劫方受善惡之報。如商周之王業，實肇基於稷契弼舜佐禹之時。若三四生等，天眼猶能見之。若百千萬劫，天眼則不能見；聲聞道眼，猶能見之。若無量無邊恆河沙劫，惟如來五眼圓明者能見。尚非聲聞道眼之境，況天眼肉眼哉？知此三報之義，則作善降祥，不善降殃，聖言原自無爽。富貴貧賤、壽夭窮通，天命未曾有偏。境緣之來，若鏡現像，智者但修鏡外之容，愚人徒憎鏡內之影。逆來順受，方為樂天；不怨不尤，始可立命。

子有四因者：一者報恩，二者抱怨，三者償債，四者討債。報恩者，謂父母於子宿世有恩，為報恩故，來為其子。則服勞奉養、生事死葬；必使生則親歡，祭則鬼享，乃至致君澤民，名垂青史，令天下後世敬其人而並敬其親。若曾魯公、陳忠肅、王龜齡、史大成（曾陳王三公皆宋名臣。史公清初狀元。四公皆信佛。唯忠肅悟入甚深，以前世皆為高僧，故雖處富貴，猶能不昧本因耳）。今世之孝子賢孫，皆此類也。報怨者，謂父母宿世於子有負恩處，為報怨故，來為其子。小則忤逆親心，大則禍延親身；生無甘旨之養，死貽九泉之辱。又其甚者，身居權要，謀為不軌，滅門戮族，掘墳夷墓，使天下後世唾罵其人並及其親。若王莽、曹操、董卓、秦檜等是也。償債者，子宿世負親資財，為償債故，來為其子。若所負者多，則可以終親之身；若所負者少，故不免半途而去。如學甫成名而喪命，商纔得利而殞身。討債者，謂親宿世負子資財，為討債故，來為其子。小債則徒費束修、聘金延師娶妻，及種種教誨，欲望成立，而大限既到，忽爾喪亡；大債則不止如此，必致廢業蕩產，家敗人亡而後已。諦觀令子，恐是討債而來。幸所負者少，故弱冠而去。當懺悔宿業，努力勤修。天必畀汝好子，光大門戶。況孔子聖人，中年喪子；顏淵大賢，壯歲夭亡；原憲赤貧，子路殉難；夷齊餓死於首陽，伯玉窮困於衛國，將謂聖賢因修德而遭天譴耶？抑亦死生有命，富貴在天耶？但責己德之不誠，勿問天報之禍福。能如是者，五福自然臨門，六極決定避舍。

謂予不信，有如皦日。須知人生世間具足八苦，縱生天上，難免五衰。唯西方極樂世界無有眾苦，但受諸樂。將非天以汝倡導淨土，以此無福無壽之子，為汝作頂門一針，使汝知三界無安，猶如火宅，眾苦充滿，甚可畏懼，人命無常，速如電光，大限到來，各不相顧。一切有為法，如夢幻泡影，於此猶不惺悟，力修淨業，則與木石無情，同一生長於天地之間矣！有血性漢子，豈肯生作走肉行尸，死與草木同腐？高推聖境，自處凡愚，遇大警策而不憤發，聞聖賢佛祖之道而不肯行，是天負人耶？抑人負天耶？祈垂慧察！

《印光法師文抄》上冊卷二上海商務印書 一九二二年、《弘化月刊》第九十四期一九四九年三月十五日

與徐福賢女士書

宗寄食普陀二十餘年，在家二眾概無交涉。茲因至愚老友駐錫慈巖，時常晤語。近來福巖師至，不浹旬日，每過予舍，言及貞操，輒興悲感，因慰之曰：「彼雖貞烈可風，無奈不知修途，吾當略陳綱要，令隨分隨力，篤修淨業耳。」嚴師即隨禮懇，因為言曰：

佛法者，一切眾生即心本具之法也。三乘（聲聞、緣覺、菩薩）、六凡（天、人、阿修羅、地獄、餓鬼、畜生），皆當遵行，在家出家俱能受持，而汝女身多障，諸凡不能自由，離鄉別井，易招外侮譏毀。為爾慮者，只宜在為持戒念佛，決志求生極樂世界，斷斷不可遠離家鄉，出家為尼。至於研窮經教，參訪明師，乃決烈男子分內之事，非女人所宜效法也。女人但當篤修淨業，專持佛號，果能都攝六根，淨念相繼，自然現生親證念佛三昧，臨終往生上品。縱未能親證三昧，亦得以高預海會，長侍彌陀。由是親證無生，復本心性。無邊教海皆悉了知。如寶鏡當臺。萬象俱現，然後承佛慈力及己願輪，不違安養，迴入娑婆；種種方便度脫眾生。俾一切有情同登蓮邦，悉證無生，庶不負一番決烈修持之心。可謂火裡蓮花、女中丈夫矣！

凡修淨業，以決志求生西方為本。而淨土法門，以信願行三法為宗。所言信者：須信娑婆之苦、若不可言；極樂之樂，樂無能喻。娑婆之苦：所謂生、老、病、死、愛別離、怨憎會、求不得、五陰（音印，與蔭同，蓋覆也）熾盛（五陰熾盛者，謂眾生於色、受、想、行、識五陰之中，起惑造業，如火熾然，不能止息也。此一屬招苦之因，前七乃所招苦果。娑婆之苦，雖多逾恆沙，此八攝無不盡。諸苦既經身歷，不煩備釋）。極樂之樂，約根身則蓮花化生，長生不死，禮稟男質，絕無女形，不聞惡道之名，況有其實？約器界則黃金為地，七寶為池，行樹參天，樓閣住空，思衣得衣，思食得食，凡所受用，無不如意。而諸凡用度，皆下化現，非如此土，由人力造作而成也。而彌陀導師相好光明，無量無邊，一睹慈容，即證法忍。況復觀音、勢至，清淨海會各舒淨光，同宣妙音！故雖具縛凡夫，通身業力，若能信願真切，即蒙佛慈攝受，一得往生，則煩惱惡業徹底消滅。功德智慧究竟現前。能如是信，可謂真信。欲詳知者，當熟讀《阿彌陀經》、《無量壽經》、《觀無量壽佛經》，此名淨土三經，專談淨土緣起事理。其餘諸大乘經，咸皆帶說淨土。而「華嚴」一經乃如來初成正覺，為四十一位法身大士稱性直談一乘妙法，末後善財徧參知識，於證齊諸佛之後，普賢菩薩為說十大願王，普令善財及與華藏海眾回向往生西方極樂世界，以期圓滿佛果。而「觀經」〈下品下生〉，五逆十惡具諸不善，臨命終時，地獄相現，有善知識教以念佛，彼即受教稱念佛名，未滿十聲，即見化佛授手，接引往生。《大集經》云：「末法億億人修行，罕一得道，唯依念佛得飲生死。」是知念佛一法乃上聖下凡共修之道；若愚若智通行之法，下手易而成功高，用力少而得效速。以其專仗佛力，故其利益殊勝，超越常途教道。昔人謂餘門學道，似蟻子於高山；念佛往生，如風帆揚於順水。可謂最善形容者矣！

若欲研究《阿彌陀經》，有蕅益大師所著要解，理事各臻其極，為自佛說此經來第一註解，妙極確極！縱令古佛再出於世重註此經，亦不能高出其上矣。不可忽略，宜諦信受。《無量壽經》有隋慧遠法師疏，訓文釋義最為明晰。《觀無量壽佛經》有善導和尚四帖疏，唯欲普利三根，故多約事相發揮。至於〈上品上生章〉後，發揮專雜二修優劣，及令生堅固真信，雖釋迦諸佛現身，令其捨此淨土修餘法門，亦不稍移其志。可謂淨業行者之指南針也。若夫台宗觀經疏妙宗鈔，諦理極圓融，中下根人莫能得益。故不若四帖疏之三根普被，利鈍均益也。既知如上所說義理，必須依此諦信，自己見得及者如是信，即自己不及者，亦必也如是信。仰信佛言，斷斷不可以己凡情不測，稍生絲毫疑念，方可謂真信矣！既生信已，必須發願，願離娑婆，如獄囚之冀出牢獄；願生極樂，如窮子之思歸故鄉。若其未生淨土以前，縱令授以人天王位，亦當視作墮落因緣，了無一念冀慕之想。即來生轉女為男，童真出家，一聞千悟，得大總持，亦當視作紆曲修途，了無一念希望之心。唯欲臨命終時蒙佛接引，往生西方。既得往生，則了生脫死，超凡入聖，位居不退，忍證無生。回視人天王等，及出家為僧，不知淨土，修餘法門，歷劫辛勤莫由解脫者，如螢火之與杲日、蟻蛭之與泰山矣。可勝悲哉，可勝悼哉！以故修淨土人斷斷不可求來生人天福樂，及來生出家為僧等。若有絲毫求來生心，便非真信切願，便與彌陀誓願間隔，不能感應道交，蒙佛接引矣。以此不可思議殊勝妙行，竟作人天有漏福因，而況享福之時必造惡業；既造惡業，難逃惡報，如置毒於醍糊之中，便能殺人。不善用心者，其過如是。必須徹底斬斷此等念頭，庶淨土全益，通身受用矣。既有真信切願，必須志心執持南無阿彌陀佛六字聖號，無論行住坐臥、語默動靜、穿衣吃飯及大小便利等，總不離此六字洪名（或四字持亦可）。必須令其全心是佛，全佛是心，心佛無二，心佛一如。若能念茲在茲，念極情忘，心空佛現；則於現生之中便能親證三昧。待至臨終生上上品，可謂極修持之能事也已。至於日用之中所有一絲一毫之善，及誦經禮拜種種善根，皆悉以此功德回向往生，如是則一切行門皆淨土助行，猶如聚眾塵而成地，聚眾流而成海，廣大淵深，其誰能窮？然須發菩提心，誓願度生，所有修持功德普為四恩三有法界眾生回向，則如火加油，如苗得雨，既與一切眾生深結法緣，速能成就自己大乘勝行。若不知此義，則是凡夫二乘自利之見，雖修妙行，感果卑劣矣。

念佛雖一切時、一切處皆無妨礙，然須常存敬畏，必須視佛像一如活佛，視佛經祖語，一如佛祖對己說法一樣，不敢稍存疑慢。雖孝子之讀遺囑，忠臣之奉勅旨，當不過是。至於平時念佛，聲默隨意，若睡臥、大小便、澡身濯足等，及經過臭穢不潔之地，俱宜默念，不可出聲。出聲則便為不恭，默念則功德一樣。吾常謂欲得佛法實益，須向恭敬中求。有一分恭敬，則消一分罪業、增一分福慧。有十分恭敬，則消十分罪業、增十分福慧。若或了無恭敬，則雖種遠因，而褻慢之罪有不堪設想者矣。今之在家讀佛經者，皆犯此病。故於有緣者前，每諄諄言之。念佛必須攝心，念從心起，聲從口出，皆須字字句句，分明了了。又須攝耳諦聽，字字句句納於心中。耳根一攝，諸根無由外馳，庶可速至一心不亂。大勢至所謂「都攝六根，淨念相繼，得三摩地，斯為第一」者，即此是也。文殊所謂「反聞聞自性，性成無上道」者，亦即此是也。切不可謂持名一法淺近，捨之而修觀像、觀想實相等法。夫四種念佛，唯持名最為契機。持至一心不亂、實相妙理、全體顯露，西方妙境徹底圓彰，即持名而親證實相，不作觀而徹見西方。持名一法，乃入道之玄門，成佛之捷徑。今人教理觀法，皆不了明。若修觀實相，或至著魔；弄巧成拙，求升反墜。宜修易行之行，自感至妙之果矣。

《淨土十要》乃蕅益大師以金剛眼于闡揚淨土諸書中，選其契理契機至極無加者。《第一彌陀要解》乃大師自註，文淵深而易知，理圓頓而唯心，妙無以加，宜常研閱。至於後之九種，莫不理圓詞妙，深契時機。雖未必一一全然了然，然一經翻閱，加服仙丹；久之久之，即凡質而成仙體矣（此是譬喻法門之妙，不可錯會謂令成仙。《淨土聖賢錄》歷載彌陀因中行願，果上功德。及觀音、勢至、文殊、普賢、馬鳴、龍樹諸菩薩自行化他之事。次及遠公、智者，暨清初諸大祖師善知識往生事跡。及比丘尼、王臣、士庶、惡人、畜生，念佛往生之事。又復采其言論之切要者，併錄傳中，俾閱者取法有地，致疑無由。以古為師，力修淨業，較參叩知識更加真切矣。〈龍舒淨土文〉，斷疑起信，修持法門，分門別類，縷析條陳，為導引初機之第一奇書。若欲普利一切，不可不從此以入手。此上三種，及〈無量壽經疏〉、〈觀經四帖疏〉，共五種，前已為福嚴師說，令請而郵寄，不知已請得否？若無，當寄回音，即為郵寄。有此諸書，淨土眾義可以備知。縱不遍閱群經，有何所欠？倘不知淨土法門，縱令深入經藏，徹悟自心，欲了生死，尚不知經幾何大劫，方能滿其所願？阿伽陀藥（梵語阿伽陀、此云普治，普治一切諸病也），萬病總治，此而不知，可痛惜哉。知而不修，及修而不專心致志，更為可痛惜也已矣。

女人出門大有妨礙，況用度艱難更為不便。受戒一事，若男子出家為僧，必須入堂習儀，方知叢林規矩，為僧儀則，則遊方行腳，了無妨阻。否則十方叢林莫由住止。若在家女人，家資豐厚，身能自主，詣寺受戒，亦非不可。至於身家窮困，何必如此？但於佛前懇切至誠，懺悔罪業一七日，自誓受戒。至第七日，對佛唱言：「我弟子福賢，誓受五戒，為滿分優婆夷（優婆夷，此云近事女。謂既受五戒堪事佛故。滿分者，五戒全持！）盡形壽不殺生，盡形壽不偷盜，盡形壽不淫欲（若有夫女，則曰不邪淫），盡形壽不妄語，盡形壽不飲酒。」如是三語，即為得戒。但自志心受持，功德並無優劣。切勿謂自誓受戒者，為不如法。此係《梵網經》中如來聖訓。普陀秋不傳戒，傳戒在於正月上旬開堂，至二月十九圓滿。然祈安住修持淨業，不可奔馳跋涉。倘或執著不改，便為不識好惡，妨自己之清修，負老僧之忠言。我欲汝即生成就道業，斷不至障汝法緣。汝但諦思，自知取捨。至於不能出家即欲捨命，此念雖烈，此心實癡。今之尼僧，誰堪為師？住持庵廟，強暴實多。汝既是女，上士則難為禦悔，為避嫌故；下愚則竭力夤緣，欲造業故。汝祇知出家為尼之解脫，不知出家為尼之障礙。故不辭煩瑣，剴切言之。汝將謂捨命便解脫乎？不知識隨業牽，又復受生。驢女馬女，亦未可知。欲復得人女之身，恐未有此之大幸。縱令復得人女，或得為男，或為人王、天王，安保其能遇佛法而信受也？又安保其於佛法中，又復遇此即生了脫之淨土法門也？縱令能遇，何若今生忍耐住世，報盡即生西方之為愈也？汝從生已來有如此為汝籌畫者否？倘或不依吾言，即為忘恩負義，則將來之苦，當更甚於今日無量無邊倍矣。把手牽他行不得，直須自肯始相應，可聽與否，祈自裁度。併祈以此告福蓮貞女知之。

《印光法師文抄》上冊卷二上海商務印書 一九二二年

與丁福保居士書

一　復丁福保居士論臂香書

臂香者，於臂上然香也。靈峰老人日持「楞嚴」、「梵網」二經，故於然香一事頗為頻數。良以一切眾生無不愛惜自身，保重自身，於他則殺其身、食其肉，心更歡樂；於已則蚊嚙芒刺，便難忍受矣！如來於「法華」、「楞嚴」、「梵網」等大乘經中，稱讚苦行，令其然身臂指供養諸佛，對治貪心及愛惜保重自身之心。此法於六度中仍屬布施度攝。以布施有內外不同：外則國城妻子，內則頭目髓腦。然香然身，皆所謂捨。必須至心懇切，仰祈三寶加被，唯欲自他業消慧朗，罪滅福增（言自他者，雖實為已，又須以此功德回向法界眾生，故云自他），絕無一毫為求名聞及求世間人天福樂之心。唯為上求佛道，下化眾生而行，則功德無量無邊，不可思議。所謂三輪體空，四弘普攝，功德由心願而廣大，果報由心願而速獲。其或心慕虛名，徒以執著之心，效法除著之行，且莫說然臂香，即將全身通然，亦是無益苦行，以執著心，求名譽念，既無三輪體空之解，又無四弘普攝之心，以如來破除身見之法，轉增堅固身見，罪福由心而分，果報由心而異，故「華嚴」謂：「牛飲水成乳，蛇飲水成毒，智學證涅槃，愚學增生死」者，此也。

二

近世士大夫多守拘墟之見，有以因果報應、生死輪迴之事理相告者，則曰此稗官野史小說家憑空造者，何足信乎！其人亦曾讀經閱史，雖見此種事，亦不體察其所以然，其拘墟也仍復如是。居士將歷史之因果報應生死輪等事，集之於一編之中，上而麟經，下及明史，其事跡的的可考，彼拘墟者讀之，當必啞口不敢謂其無稽妄造矣！

至於學佛一事，原須克盡人道方可趣向，若于孝弟忠信、禮義廉恥等事一不實踐，雖終日奉佛，佛豈祐之哉？良以佛教該世、出世間一切諸法，故于父言慈，于子言孝，各令盡其人道之分，然後修出世之法。譬如欲修萬丈高樓，必先堅築地基，開通水道，則萬丈高樓方可增修，且可永久不壞。若或地基不堅，必至未成而壞。語云：「選忠臣于孝子之門」，學佛者亦復如是。昔白居易問鳥窠禪師曰：「如何是佛法大意？」師曰：「諸惡莫作，眾善奉行。」欲學佛法，先須克己慎獨，事事皆從心地中真實做出，若此人者，乃可謂真佛弟子，若其心奸惡，欲借佛法以免罪業者，何異先服毒藥，後服良藥！欲其身輕體健，年延壽永者，其可得乎？實驗一書，堪破此弊，流通于世，大有利益。

又蘇州彭希涑曾輯《二十二史感應錄》，于歷史中摘錄因果事實百八十餘，不知閣下曾有此書否？若有，宜一併排印，以闢拘墟者之眼界。又二十四史，奇事固多，居士博覽無遺，宜將非凡情所測之事，如《欲海回狂》後所標者，併諸因果輪迴等事，盡錄而輔作一書，以為治國安民，了生脫死之一助，則其功德大矣。不知肯滿我愚願乎？

《印光法師文抄》上冊卷二上海商務印書一九二二年

與弘一法師書

一 復函

接手書，知發大菩提心，誓證念佛三昧，刻期掩關，以祈遂此大願。光閱之不勝歡喜。所謂最後訓言，光何敢當。然可不盡我之愚誠以奉之乎？雖固知座下用此種絡索不著，而朋友往還，貴富各盡其分，則智愚何獨不然？但盡愚誠即已，不計人之用得著與否耳。竊謂座下此心實屬不可思議。然於關中用功，當以專精不二為主，心果得一，自有不可思議感通，於未一之前，切不可以躁妄心先求感通，一心之後，定有感通，感通則心更精一。所謂明鏡當臺、遇形斯映，紜紜自彼，與我何涉？心未一而切求感通，即此求感通之心，便是修道第一大障。況以躁妄格外企望，或致起諸魔事，破壞淨心？大勢至謂「都攝六根，淨念相繼，得三摩地，斯為第一」，敢為座下陳之。

二 復函

座下勇猛精進，為人所難能。又欲刺血寫經，可謂重法輕身，必得大遂所願矣。雖然，光願座下先專志修念佛三昧，待其有得，然後行此法事。倘最初即行此行，或恐血虧神弱，難為進趣耳。入道多門，唯人志趣了無一定之法，其一定者，曰誠、曰恭敬。此二事雖盡未來際諸佛出世，皆不能易也。而吾人以博地凡夫，欲頓消業累、速證無生，不致力於此，譬如木無根而欲茂，鳥無翼而欲飛，其可得乎？今將辦法之利弊並前人證驗，略開一二，庶可隨意作法矣。

刺血寫經，有專用血寫者，有合金、合硃、合墨者。合金一事，非吾人力所能為。憨山大師寫經，係皇太后供給紙與金耳。金書之紙，須用藍色方顯，白紙則不顯。即藍紙金字，亦不如白紙墨字及硃字之明了。光曾已見過矣。若合金、硃、墨等，則血但少許，以表其志誠心。如憨山於五臺妙德庵，刺舌血研金，寫《華嚴經》。妙峰日刺舌血為二分，一分研硃書《華嚴經》，一分著《蒙山施食》中，施鬼神。高麗南湖奇禪師，見蕅益《彌陀要解》，欲廣流通，刺舌血研墨寫「要解」，用作刻板底樣刻之，冀此書遍法界盡來際以流通耳。其寫一字，禮三拜，繞三帀，稱十二聲佛名。可謂識見超拔，修持專摯者也。此三老之刺舌血，當不須另行作法，刺出即研金、硃、墨而寫之便了，決非純用血，當仍用水參合之。若專用血寫，刺時先須接於小碗中，用長針盡力周帀攪之，以去其筋，則血不糊筆，方可隨意書寫，若不抽筋，則筆被血筋縛住，不能寫矣。古有刺血寫「華嚴」，以血筋日堆，塑成佛像，有一寸餘之高者。又血性清淡，著紙即散，了無筆畫，成一血團。其紙必須先用白礬礬過方可用。礬過之紙不滲，最省血，大紙店中有賣的，不須自製，此係備畫工筆者之用也。其礬過之紙格外厚重，又復經久，如黃紙已染者便堅實，未染之紙頭即磽脆。

古人刺血，或舌或指，或臂或胸前，亦不一定。若身則自心以下斷不可用，若用則獲罪不淺。不知座下擬書何經？若小部頭，則舌血或可供用。若大部，及專用血書，則舌血恐難足用。須用指及臂血方可告圓。以舌為心苗，取血過多，恐心力受傷，難以進修耳。光近見刺血寫經者，直是造業，以了無恭敬。刺血則一時刺許多，春秋時，過二三日即臭；夏日半天即臭，猶用以寫；又有將血曬乾，每寫時，用水研乾血以寫之者；又所寫潦草，毫不恭敬，直是兒戲。不是用血以表志誠，乃用刺血寫經，以博自己真心修行之名耳。竊謂指血、舌血，刺則不至人多，若臂則一刺或可接半碗血，與其久臭而仍用，及曬乾研而方用，似不若最初即用血合硃作錠，曬乾聽用。為不虛耗血，又不以臭血污經，為兩適其宜矣。然此錠既無膠，恐久則硃落，研時宜用白芨再研，庶不至落。又將欲刺血，先幾日即須減食鹽，及大料調和等。若不先戒食此等，則其血腥臊。若先戒食此等，則血便無濁氣。

又寫經不同寫字屏，取其神趣，不必工整。若寫經，宜如進士寫策，一筆不容苟簡，其體必須依正式體，若座下書札體格，斷不可用。古今人多有以行草體寫經者，光絕不贊成。所以寬慧師發心在揚州寫《華嚴經》，已寫六十餘卷，其筆法潦草，知好歹者，便不肯觀。光極力呵斥，令其一筆一畫必恭必敬。又令作訟過記以訟已過，告誡閱者。彼請光代作，故蕪鈔中錄之。方欲以此斷續惑，了生死，度眾生，成佛道，豈可以遊戲為之乎？當今之世，談玄說妙者不乏其人，若在此處檢點，則便寥寥矣。

尤君來書，語頗謙恭，光覆之已又致謝函，可謂篤信之士。然仍是社會之知見，於佛法中仍不能息心實求其益。何以見之？今有行路之人，不知前途，欲問於人，當作揖合掌，而尤君兩次來函，署名之下只云合十。是以了生死法等行路耳。且書札尚不見屈，其肯自屈以禮僧乎？光與座下心交，與尤君亦心交，非責其見慢，實企其獲益耳。

三　復函

接手書，見其字體工整，可依此書經。夫書經乃欲以凡夫心識轉為如來智慧，比新進士下殿試場，尚須嚴恭寅畏，無稍怠忽。能如是者，必能即業識心，成如來藏，於選佛場中可得狀元。今人書經任意潦草，非為書經，特藉此以習字，兼欲留其筆跡於後世耳。如此書經，非全無益，亦不過為未來得度之因。而其褻慢之罪，亦非淺鮮。

座下與尤居士書，彼數日前亦來信。意謂光之為人，唯欲人恭敬，故於開首即稱師尊，而印光法師四字亦不用。光已詳示所以。座下信首，亦當仍用印光二字，不得過為謙虛，反成俗套。至於古人於同輩有一言之啟迪者，皆以作禮伸謝，此常儀也，無閒僧俗。今體教陵替，故多多皆習成我慢自大之派頭。學一才一藝，不肯下人，尚不能得，況學無上菩提之道乎？此光盡他山石之愚誠也。

刺血寫經一事，且作緩圖，當先以一心念佛為要；恐血耗神衰，反為障礙矣！身安而後道隆，在凡夫地，不得以法身大士之苦行，是則是效；但得一心，法法圓備矣！

四

講「起信論」，雖不必定宗裂網疏，然決不可謂裂網為非，此決定不易之法也。靈峰著述，千古少有，彼等正眼未開，不知其要，故輒吠影以惑初學。果真具正知見者聞之，則彼之心腹徹底了知矣。靈峰老人乃末法絕無而僅有者，其言句理事具足，利益叵測，隨人分量，各受其益。

《印光法師文抄》上冊卷二上海商務印書一九二二年、《佛教公論》第一卷第八期一九三七年三月十五日

與高鶴年居士書

南五臺山，乃千三百年前觀世音菩薩現比丘身降伏毒龍所開之古道場也，亦蓮宗八祖雲棲蓮池大師中興蓮宗之發源處也。明嘉靖時，有性天文理老和尚者，隱居此山無門洞，後因雲遊至杭州，住西山黃龍庵。蓮池大師仰其道風，與夫人湯氏歸依座下，不二三年又依之出家。使此老無有出格道德，豈能令如大師之博學鴻詞躬行實踐盛德君子，屈身座下，始終依止，以為弟子乎！大師出家後，老人復歸關中，大師志慕徧參，未能遠從，而關中法道，至清乾隆後日漸式微，哲人云亡，志乘佚失，致老人嘉言懿行無由永傳於世，何勝悼歎！然以異地之僧，能令蓮池歸依出家，可以想見其為人。事見雲棲法彙蓮池大師塔銘中。

其派為宗福法德義，普賢行願深，文殊廣大智，成等正覺果。大師正在殊字輩，其改為祩者，以洪武時，有一高僧，洪武詔見甚加優寵，特以玉盞，賜乳令服，因詠謝恩詩，有「一盞瓊漿來殊域，九重恩德自上方」之句。洪武姓朱，遂謂殊者，歹朱；是罵己，即令斬之。及斬，乃悟其非罵而已悔無所及矣。此宿世殺業所感，業力現時不能自主。殺業之難消如此，可不戒哉！如來於諸戒之中，皆以殺戒居首。其深慈大悲，至極無加矣。而迷倒愚夫不知感恩，反加謗毀，勢必從劫至劫互相殺戮，可不哀哉？蓮池大師以此之故，去歹加衣而用袾字，世多不察，每每訛作從示之祩。其不識字義，粗心浮氣有如此者。而大師慎微杜禍，正名順言之道，遂因之埋沒。惜哉！

無門洞者，即今之湘子洞。億昔或名湘子洞，老人居之，改為無門洞。及老人去世，無知僧俗不知無門之義，以韓湘子修行成仙為奇，故仍呼為湘子洞耳。何以知之？南五臺山無有大洞可以住人，亦無有洞名無門者，唯湘子洞高深寬大可以住人。兼復僻居山後，上下懸崖，而逼近聖泉，柴火方便，又復地勢向陽，冬暖夏涼，遊人樵夫皆所不至。洵為辦道最勝之地。咸同以來，兵火連綿，以故久無人住。至光緒初，法忍、治開等老卜居於此，至今成大蘭若。而道由人宏，地由人靈，可不信哉！名無門者，蓋以大士以普門法道、度脫眾生。老人效法大士，名其居曰無門，亦取楞伽佛語心為宗，無門為法門之義。須知無門即是普門，良以法法頭頭，迷之則皆可起惑造業，悟之則皆可斷惑證真。故「楞嚴」二十五聖，於六根、六塵、六識、七大各證圓通，故無一法不是三諦妙理，亦無一法不契三德秘藏。唯其普皆是門，故不須另立一門，而號為無門焉。居士幸住此山，諒亦宿受此老之法潤所致，宜將此意詳告大茅篷主僧，令知有高人故事，及無上甚深之真正名目在，不可仍以外道虛名相沿傳去，以致失卻佛法中之正名耳。

攝身巖者，以其峰巒陡峻，壁立萬仞，至其顛者，向下望之，不禁戰兢惕厲，身心悚然，妄想消滅，正念昭彰，即「楞嚴」所謂「都攝六根淨念相繼」之意。蓋以身為總名，六屬別目，以總攝別，故但曰攝身耳。其後哲人悉沒，志乘佚失，無知僧俗，遂訛作捨身，以訛傳訛，無人改正，誣罔名山，莫此為甚。豈有菩薩現身親開之山，而以此害道誤人之名，以名其山峰之理乎？又有魔民造作魔說，謂觀音於此捨身，方成道果，以誑惑愚夫愚婦。如是齊東無稽之談，玷污大士，貽辱法道，招外道之邪謗，啟愚人之魔思，為害誠非淺淺。此與普陀以觀音跳作觀音跳，同一魔見，誠令人可歎可恨，可悲可憐。

南五臺山開山緣起，昔年毫無根據，光緒十一年，光住大頂，親侍大士香火。一日下山至劉村西寺中（係大頂下院）見有數碑，所載皆非最初緣起。中有一碑，被水垢封蔽，成一石板。光取甎磨之，乃元至元七年依古碑所序之緣起碑也。使光不磨出，安知無知俗僧不取之以作石板用乎？則大士救苦不思議靈跡，永劫埋沒矣！今幸失而復得，故為居士詳言耳。碑記鈔奉，並祈存覽。（碑記列入附錄）

附錄

南五臺山圓光寺觀音菩薩示跡之記（山去陝西省城七十里）

示跡之記，文詞典雅，敘事精詳，惜於菩薩不思議無作妙力殊欠發揮，量不揣固陋，勉述一讚，以冠於首，俾事理交融，體用咸彰，生之所以能感，聖之所以能應，俱在斯焉。以企後之覽者發菩提心見賢思齊，以觀音之心為心，以觀音之事為事，庶可亦為未來世之觀音耳！雖文不雅馴，而其意義有可取焉。讚曰：

觀音大士於無量劫久成佛道，為度眾生不離寂光現菩薩身。又復普應群機垂形六道，以三十二應、十四無畏、四不思議無作妙力尋聲救苦，度脫群萌。應以何身得度者，即現何身而為說法，直同月印千江，春育萬卉；雖則了無計慮，而復毫不差殊。良由徹證唯心，圓彰自性，悲運同體，慈起無緣，即眾生之念以為心，盡法界之境以為量，是知無盡法界、無量眾生咸在菩薩寂照心中。故得雲佈慈門，波騰悲海，有感即赴，無願不從也（釋聖量和南謹述，此下乃示跡之記）。

大山巖穴，龍蛇所居，歲久成祅，肆其凶孽，吞齧不已，禍及生民，變怪昇騰，非人所制。若非應身大士，孰能救濟？巍巍乎妙智神力，其容思議？然於不思議境強以文字記述事跡者，冀千載之下方來君子啟深信耳！

昔隋時仁壽中，此山有毒龍焉，以業通力變形為羽人，攜丹藥貨於長安，詐稱仙術以欺愚俗，謂此藥之靈，服者立昇於天。嗚呼！無知之民輕信此語，凡服此藥而昇天者，不知其幾何！又安知墮彼羽人之穴，以充口腹耳？而一方之民尚迷而不悟。唯我大士以悲願力現比邱身，結草為庵，止於峰頂。以妙智力伏彼祅通，以清淨風除其熱惱。慈念所及，毒氣潛消，龍獲清涼，安居巖穴，民被其德，各保其生，昔之怪異，不復見矣！

由此靈貺達於朝廷，以其於國有功、於民有惠，建寺峰頂而酬酢之。大士以慈風法雨普濟含靈，慧日淨輝破諸冥暗。於是搢紳嚮慕，素俗欽風；割愛網以歸真，棄簪纓而入道。大士嘗居磐石，山猿野獸馴繞座隅，百鳥聚林寂然而止，如聽法音久而方散。

嗚呼！建寺之明年六月十九日，大士忽示無常，恬然入滅，異香滿室，愁霧蔽空，鳥獸哀鳴，山林變色。於是寺眾聞於朝廷，中使降香，奉勅賻贈，以崇冥福。荼（編者按：荼為茶）毗之際，天地晦冥，斯須之間化為銀界。忽聞空中簫鼓響、山丘搖，瑞雲奔飛、異香馥郁。忽於東峰之上現金橋，橋上列諸天眾，各豎幢旛及雨金華，紛紛而不至於地。最後於南臺上，百寶燦爛，廣莫能知，衝天無際，影中隱隱現自在端嚴之相，慈容偉麗，瓔珞銖衣，天風飄飄，煥然對目。爾時緇白之眾千百餘人咸睹真儀，悲喜交集，莫不涕泣瞻依，稱名致敬，始知觀音大士示跡也。清風異香，經於累月。

左僕射高公具奏其事，皇上覽表，嘉歎久之。收骨起塔，御書牌額，錫號為觀音臺寺；撥賜山林田土，方廣百里。每歲時降御香，度僧設供，大崇法化。至唐大曆六年，改號為南五臺山聖壽寺焉。

五代之世，兵火連緜，諸臺殿宇並遭焚毀，唯有殘僧壞屋，尚與木石共處矣！至宋太平興國三年夏，前後六次，現五色圓相、祥雲等瑞。主僧懷偉具申府伊，被奏天廷；勅賜金額，為五臺山圓光之寺。由是增修寶殿，繪塑真儀，煙霞與金碧爭輝，鐸韻共松風演妙，諸臺屋宇，上下一新。嗣續住持，香燈不絕，慈輝所燭，石孕祥雲；法雨所霑，水成甘露。

臺南數百步有石泉焉，注之方池，色味甘潔，能除熱惱，能潤焦枯；舒之則沙界滂沱，卷之則石池澄湛。或時亢旱，迎請者相繼於道途，感應如期，州郡已彰於簡牘。懷生蒙祐，草木霑恩，自昔迄今，聲華不泯。

噫！大聖以悲願力，福被一方，而一方之民，亦不忘於慈祐。每遇清明之月及夏季忌辰，不遠百里陟嶮登危，皆以淨心踵足而至者，何啻百千萬耶！扶老攜幼，闐溢道路，相繼月餘，各以香花音樂繪蓋幢旛資生之具持以供養。於是頭面頂禮，致敬致恭，睹相瞻儀，旋繞讚歎，莫不洗罪蒙福，弭障霑恩，豈徒為奔走跋涉而已哉！

寺僧法忍，慮其歲月經久靈跡湮沒，持諸殘碑囑為斯記。普明固辭弗獲，甚愧非文，倘遇賢士改而正諸，不亦宜乎！

太白山釋普明謹撰

元至元七年庚午正月十五日　都院主僧釋澄淵立石

《印光法師文抄》上冊卷二 上海商務印書一九二二年、《覺有情半月刊》第一〇七、一〇八期合刊一九四四年二月一日

致諦閑法師問疾書

二月下旬聞公自溫歸來，身嬰篤疾。手足不便運動。光固知我公悲心深重，欲令現在諸學子及一切四眾及早努力修行，勿待病魔臨身時，則不易擺脫矣。其直以口說，尚恐不親切，遂現身以說，可謂深慈大悲無以復加矣。光自愧財法兩缺，欲效愚忱，直無其力。但只旁問于根祺然雲輩，後聞佛曦謂病已復原，但足尚不能大行，意謂行固能力，但艱於出外而已。昨萬年寺住持了悟見訪，問及，言吃飯說話與好人無異，唯手足絕不能動，雖飲食便利，一一須人代為周旋。光竊念病體如此何以弘法？或令淺見之人，謂佛法無靈，以故數十年講經天下聞名之大法師，身嬰痼疾，祇管求醫服藥，亦不見癒。彼素謂依教修持能轉定業，及阿伽陀藥萬病總持者，皆誑人耳。若其不誑，彼當依教轉彼定業，彼素崇淨土，以彌陀名號為阿伽陀藥，何不服之？又〈普門品〉、〈觀音圓通〉，講時不曉得多有道理，直是菩薩跟到稱名求救者。彼既如此，何不放下身心，拌一條窮性命，志心念觀音菩薩，以求身心悉皆安隱，以及得大解脫，獲真圓通也？光念世人多有此見。倘我公能仰求大士垂慈，即令貴體復原，福慧崇朗，則彼淺知淺見者將斷盡狐疑，增長正信，當相率而出邪途，入佛道，以期普利自他，於無既也。是誠所謂以大慈悲現身說法也。其利益大矣。

按周克復〈觀音持驗記〉載一事，其病與公稍同，其人品與公天地懸殊。彼尚能蒙菩薩加被，令其宿業頓消，痼疾立癒，況我公為現在法門第一人，其法道之興衰，係於一身之存亡？倘能將平日與人講〈普門品〉與〈觀音圓通〉之全福精神，用稱念洪名，當不離此心，即蒙消宿業而獲安隱，轉使先生譏誚謂為佛法不靈者，皆相援而皈依信奉，唯恐或後也。明崇禎辛巳，當塗縣官圩，有山東一癱子至，以手代足乞食於世，人多厭之。癱者雖病而負氣，被嗎詈輒不平。聞塘橋庵有修行僧曰水谷，往訴以乞食艱難之苦，谷曰：「汝能發心出家，仗慈悲大力，或有施主。」癱子從之，遂剃髮、受齋戒，雖行乞，不茹葷血，雖被辱罵，安忍而受。谷又教以念觀世音名號，兼持準提咒，受持踰二年，戊子秋，忽夢一老嫗呼之曰：「汝起！汝起！」癱子云：「我是癱子，何能起？」老嫗以手扯其兩足，覺直而不拳。晨起癱病遂癒。居然一昂藏之僧矣！取號曰半崖，遂有供養之者。出唐宜之已求書，觀音大士唯以尋聲救苦為事，從古至今，其蒙感應而離苦惱者，何止百千萬億也，而載籍所傳，乃億萬中略見一二而已，然公之本心，光固不得而知，且約己淺見為論，即實受安樂，絕無苦惱，亦當以求菩薩救苦，為大眾作榜樣也。

《海潮音》第二卷第九期一九二一年九月、《印光法師文抄》上冊卷二上海商務印書一九二二年

復陳慧超居士書

接手書，知居士慕道之心極其懇切，不勝欣慰。但以校定安士書及諸冗務，不暇裁復，故遲至今。

貪瞋癡心人人皆有，若知彼是病，則其勢便難熾盛。譬如賊入人家，家中主人若認做家中人，則全家珍寶皆被彼偷竊淨盡；若知是賊，不許彼在自家中停留一刻，必須令其遠去淨盡，庶財寶不失，而主人安泰矣。古德云：「不怕念起，只怕覺遲。」貪瞋癡一起，立即覺了，則立即消滅矣。若以貪瞋癡為自家正主，則如認賊為子，其家財寶必致消散矣。念佛時不能懇切者，不知娑婆苦，極樂樂耳。若念人身難得，中國難生，佛法難遇，淨土法門更為難遇，若不一心念佛，一氣不來，定隨宿生今世之最重惡業墮三途惡道，長劫受苦，了無出期。如是則思地獄苦，發菩提心。菩提心者，自利利他之心也。此心一發，如器受電，如藥加硫，其力甚大，而且迅速。其消業障、增福慧，非平常福德善根之所能比喻也。被境所轉，係操持力淺，則喜怒動于中，好惡形于面矣。操持者，即涵養之謂也。若正念重，則餘一切皆輕矣。是以真修行人，於塵勞中煉磨。煩惱習氣必使漸漸消滅，方為實在工夫。在家人不隨眾，各人念佛，坐立繞跪皆無不可，但不可執定一法；若執定，則人易勞而心或難得相應。當斟酌其自己之色力及工夫，而取其合宜行之，則有益矣。若常途通行，宜先繞、次坐、次跪。繞跪皆覺辛苦、宜坐念。坐念若起昏沉，宜繞念、或立念。昏沉去，當復坐念。宜按鐘，不宜掐珠，以掐珠難養心故。

《安士全書》實為末世最勝良導，尤惜陰居士極欲全國流布，俾大家同開眼界，由茲挽回世道人心，止息天災人禍。現已募得一萬餘部，尚難廣布。今寄上通告，並辨法一張，祈閣下閱之，隨分隨力相助，隨緣隨機相勸。無力出資，則以言讚歎，令人發心，亦是功德。務使迷昧之流，聞晨鐘而夢醒，貪惡之輩，見因果而心驚。人心若轉，天災自息。此係正本清源之道，即世諦淺近之法，而直達乎出世深遠莫測之法之最勝方便也。凡在知交，當為勸發，無信心人亦勿強勸，以係結善緣故。若一強勉便雜煩惱，雖有小功，實獲大咎。未能令彼得巨益，有礙自己利人心故。

《印光法師文抄》上冊卷二 上海商務印書一九二二年

復范古農居士書

一

淨土一法以信、願、行三法為宗，唯其具真信切願方有篤行，禍害迫切便能誠懇，優游無事便寬緩，此凡夫通病也。然當今之時，其世道局勢有如安臥積薪之上，其下已發烈火，但未燒至其身；轉瞬則全體熾然，遍界無逃避處，尚猶悠忽度日，不能專志求救於一句佛號，其知見之淺近，甚矣。

佛法諸宗修持，必到行起解絕方有實益，不獨淨宗修觀為然。宗家以一無義味話頭置之心中，當作本命元辰，不計時日，常為參叩，待至身心世界悉皆不知，方能大徹大悟。非行起解絕乎？六祖謂但看《金剛經》即能明心見性，非行起解絕乎？愚謂起之一字，義當作極。唯其用力之極，故致能所雙忘，一心徹露。行若未極，雖能觀念，則有能有所，全是凡情用事，全是知見分明，全是知解，何能得其真實利益？唯其用力及極，則能所情見消滅，本有真心發現，故古有死木頭人，後來道風，輝映古今，其利益皆在極之一字耳。

又今人多尚空談，不務實踐。勸修淨業，當理事並進，而尤須以事為修持之方。何也？以明理之人，全事即理，終日事持，即終日理持。若理事未能大明，一聞理持，便覺此義深妙，兼合自己懶惰懈怠，畏於勞煩持念之情，遂執理廢事。既廢於事，理亦只成空談矣。願閣下以圓人全事即理，為一切人勸，則利益大矣。

二

中陰者，即識神也。非識神化為中陰，即俗所謂靈魂者。言中陰七日一死生，七七日必投生等，不可泥執。中陰之死生，乃即彼無明心中所現之生滅相而言，不可呆作世人之死生相以論也。中陰受生，疾則一彈指頃即向三途六道中去，遲則或至七七並過七七日等。初死之人能令相識者，或見于晝夜；與人相接，或有言論。此不獨中陰為然，即已受生善惡道中，亦能于相識親故之前一為現形。此雖本人意念所現，其權實操于主造化之神祇，卻以彰示人死神明不滅，及善惡果報不虛耳。否則陽間人不知陰間事，則人死形既朽滅，神亦飄散之瞽論，必至群相附和。而舉世之人，同陷于無因無果，無有來生後世之邪見深坑，將見善者則亦不加惕厲以修德，惡者便欲窮凶極欲以造惡矣。雖有佛言，無由證明，誰肯信受？由其有現形相示等，足徵佛語無妄，果報分明。不但善者益趨于善，即惡者，其心亦被此等情理折伏，而亦不至十分決烈。天地鬼神，欲人明知此事；故有亡者現身于人世，陽人主刑于幽冥等，皆所以輔弼佛法，翼贊治道。其理甚微，其關係甚大。此種事古今載籍甚多，然皆未明言其權之所自，並其事之關係之利益耳。

中陰雖離身軀，依舊仍有身軀之情見在。既有身軀之情見，固須衣食而為資養。以凡夫業障深重，不知五蘊本空，仍與世人無異。若是具大智慧人，則當下脫體無依，五蘊空而諸苦消滅，一真顯而萬德圓彰矣。其境界雖不必定同，不妨各隨各人之情見為資具。如焚冥衣，在生者只取其與衣之心，其大小長短豈能恰恰合宜？然承生人之情見，並彼亡人之情見，便適相為宜。此可見一切諸法隨心轉變之大義矣。死之已後，尚未受生于六道之中名為中陰。若已受生於六道中，則不名中陰。其附人說苦樂事者，皆其神識作用耳。投生必由神識與父母精血和合。是受胎時，即已神識住于胎中。生時每有親見其人之入母室者，乃係有父母交媾時，代為受胎，迨其胎成，本識方來，代識隨去也。《欲海回狂》卷三第十二頁，第八九十十一十二行曾有此問。原答頗不中理，光為之改正，當查閱之。原答云：「譬如雞卵，有有雄者，有無雄者，未有識託之胎，如卵之無雄者也。」不知卵之無雄者，即令雞孚，亦不生子，何可為喻？光只期理明，不避僭越，故為居士陳其所以。圓澤之母，懷孕三年，殆即此種情事耳。此約常途通論，須知眾生業力不可思議。如淨業已成者，身未亡而神現淨土，惡業深重者，人臥病而神嬰罰于幽冥。命雖未盡，識已投生，迨至將生，方始全分心神附彼胎體。此理固亦非全無也，當以有代為受胎者，為常途多分耳。

三界諸法，唯心所現。眾生雖迷，其業力不思議處，正是心力不思議處，亦是諸佛神通道力不思議處。光近十餘年，目力不堪為用。故于經論不能廣引以證，然其理固非妄出臆見，以取罪戾也。死生，眾生之大事；因果，教化之大權；願閣下不惜廣長舌，以因果報應為轉續惱生死成菩提涅槃之一助，則法門幸甚，眾生幸甚！

《印光法師文抄》上冊卷二上海商務印書一九二二年、《佛學半月刊》第一八一期一九三九年五月十六日

復唐大圓居士書

觀汝書言學生話，不禁令人好笑。今說一喻：譬如太醫院御醫，凡醫書、病源、脈訣，讀得熟如明鏡映現，及至臨證，則茫無所從，不知該用何藥。汝之所問，與此醫生見識毫無有異。佛法原是教人了生死的，非只當一種高超玄妙話說說。彼下劣知見之當哲學研究佛法者來，必須先對彼說佛說法之所以然，是要人對治習氣、洗心滌慮、敦倫盡分、慈悲仁讓、諸惡莫作、眾善奉行、斷惑證真、了生脫死、自利利他、共證真常、漸次修習至成佛道耳。所有經教，皆為發明如上所說諸事理故。若唯求明了，不欲實行，豈非優人作戲，尚得謂之為學生乎？如其天姿（編者按：應為資）聰穎，不妨研究性相各宗，仍須以淨土法門而為依歸，庶不至有因無果，致以了生脫死之妙法，作口頭活計，莫由得其實益也。必須要主敬存誠，對經像如對活佛，不敢稍存怠忽，庶幾隨己之誠大小而得淺深諸利益也。至於根機鈍者，且專研究淨土法門，果真信得及，守得定，決定現生了生脫死，超凡入聖，校彼深通經論而不實行淨土法門者，其利益奚啻天地懸殊也。如上所說，無論甚麼資格，最初先下這這一味藥，則無論甚麼邪執謬見，我慢放肆、高推聖境、下劣自居等病，由此一味阿伽陀萬病總治之藥，無不隨手而愈。汝學到一肚皮佛法，于此二種學生便沒奈何，可知汝但知說藥，自己也未實行，使汝實行，斷不至懷此種疑。而以昔某某為文殊普賢之儔，此皆由不能鑑別真偽，遂至茫無所從，或至以偽為真也。

汝父之不能吃素，由於不細心體貼，反身而觀。設使自己作了食物之牲，斷不至願人殺而食我。今有五穀養命，尚欲助其貪饞。生死不了，到了被人食時，誠可哀閔，而已無可救援矣。哀哉！念如已剃髮，受戒固為正理，何必又待？但須審其本心，及察其平日對境之感想。果能具足清操，便當成就僧相。如或雖近此種氣象，難具百折不回之真切鐵心，則還是從夫為嘉。念光亦然。汝于某報中，載念如、念光二人之論，光絕不以為然。即使實是九歲童女所說，不登報有何所損？儻代為作，則成欺世欺人而令作偽。即彼自作，或致自矜自恃，遂成我慢。此等皆汝不知臨證下藥之實案。汝既不以光為無知，光不妨以無知為有知而與汝言之。汝絕不知教小人之法則，故有此舉，使汝知者，斷不登報。顯蔭之天資（編者按：應為資）極聰明，自己本好勝好名，諦法師不能下抑彼矜張之藥，至於短命而死。汝於念光亦然。

無得居士，既有六十老父，何得要出家？使不出家無由聞法修行，尚有可原。今藩籬大撤，在家人研究修習者其多如林，得利益生西方者亦常有其事，可得要離親出家乎？此事光絕不贊成。按實說，當今修行，還是在家人好，何以故？以一切無礙故。出家人之障礙比在家人多，是以非真實發道心者，皆成下流坯。無益於法，有玷於佛也。

《印光法師文抄》上冊卷二上海商務印書一九二二年、《海潮音》第五卷第六期一九二五年六月

復袁福球居士書

所言由《佛學撮要》頓生正信，一以宿有善根，一以令嚴慈之熏陶使然。印光一介庸僧，于法道無所知曉，唯諦信淨土，以期帶業往生。有志願相同者，隨便酬答以自分之事業，意似有可取者，而文筆膚淺，實為貽誚高明，不禁慚惶無地。何得以理圓詞妙等以譽之？不懼膺以凡濫聖之愆乎？

所言念佛三昧，說之似易，得之實難。但當攝心切念，久當自得。即不能得，以真信切願攝心淨念之功德，當必穩得蒙佛接引，帶業往生。事一心，若約蕅益大師所判，尚非現世修行人之身分，況理一心乎？以斷見思惑方名專一，破無明證法性則名理一。若是內祕菩薩行，外現作凡夫，則此之二一，固皆無難，若實係具縛凡夫，則事一尚不多得，況理一乎？當過細看印光與永嘉某居士之極長一信，則可知。至於悟無生以後，護持保任、銷鎔餘習，彼自了明，何須預問？如人飲水，冷暖自知。否則縱令飲者說得十分的確，而未飲之人，究不知其是何滋味。以居士將此悟無生忍看得容易，恐自己或悟而不知保任護持，致餘習復蒙，得而復失，故有此問。

真無生忍實非不可，乃破無明證法性，最下者為圓教初住菩薩，即別教之初地也。談何容易！祈且依《印光文鈔》所說而行，待其悉知淨土法門之所以然，及信願行俱能不被一切知識異說所奪，此後若有餘力，不妨兼研諸大乘經論，以開智慧，以為宏淨土之根據。如是則雖是凡夫，可以隨機利生，行菩薩道。且勿妄意高遠，恐或于事理不清，則難免著魔。永嘉某居士之長信專治此病，彼病與汝病，名目不同，性質是一。光固不願多說，祈于彼信領會之。須知悟後之人，與未悟之人，其修持仍同，其心念則別。未悟無生者，境未至而將迎，境現前而攀攬，境已過而憶念（攀攬二字，賅攝好惡憎愛，勿謂好愛為攀攬，憎惡為不攀攬）。悟無生者，境雖生滅，心無生滅，猶如明鏡，來無所黏，去無蹤跡。其心之酬境，如鏡之現象，絕無一毫執著繫戀之思想。然雖于境無心，猶然波騰行海，雲布慈門，凡世間綱常倫理，與夫上宏下化之事，必須一一認真實行，雖喪身命，不肯踰越。且莫認作於境無心，便於修持自利利他、上宏下化之事悉皆廢弛，則是深著空魔，墮於頑空，由茲撥無因果，肆意莫行，乃成以凡濫聖，壞亂佛法，疑誤眾生之阿鼻地獄種子矣。此中關係，甚深甚深！光固不得不為略陳其利害也。

人能弘道，非道弘人。世間之亂，乃眾生同分惡業所感。彼邪僻諸說亦然。世風之變，最初皆一二人為之發起，治亂邪正，無不皆然。何可不于人力轉變處講，而專歸于佛菩薩顯神變乎？佛菩薩非不能顯神變，奈眾生業重，亦無如之何。譬如濃雲厚霧，渺不見夫天日，將謂天日已無有乎？而人與天地稱為三才，僧與佛法名為三寶，其如此稱者，以參贊化育、宏揚法道之義而名之。汝專欲棄人力，而任佛菩薩天地之力，是尚可謂知道者乎？大亂之世，大悲菩薩示現救護，亦救其有緣耳。以亂乃同業，其宿因現緣乃別業，有感菩薩之別業，則蒙菩薩加被救護，何可儱侗而論。菩薩逆順方便，救護眾生之事，非膠知板見者所能知。今為汝說一例，由此而推，勿道是菩薩即真怨家，亦好作入道成佛之基。諸佛以八苦為師，成無上道。是苦為成佛之本。又佛令弟子最初即修不淨觀。觀之久久，即可斷惑證真，成阿羅漢。則不淨又為清淨之本。北俱盧州之人，了無有苦，故不能入道。南閻浮提苦事甚多，故入佛道以了生死者，莫能窮數。使世間絕過生老病死，刀兵水火等苦，則人各醉生夢死于逸樂中，誰肯發出世心，以求了生死乎？至謂擁強兵、踞高位、作種種苦惱眾生事者，或抑有大悲示現者歟？此義唯可與通人言，不可與無知無識者道。若是通人，即真惡魔，亦可得益。無知無識者，若知此義，則不知發心修行，反去毀謗佛法。譬如用藥：小兒不肯吃藥，塗之于乳，則不吃而吃矣。汝欲作通人大張此義，則害人處多而利人處少矣。且祈緘默，勿妄談說。佛菩薩之境界非凡夫所能測度。

中國之貧弱由於不依禮義，依禮義何至貧弱？試問貧弱之因，何一不是貪 受賄以利外人乎？汝未認清病源，便謂藥不見效，何謂智乎？外國之強，以國小，不同心協力，不能自立。中國則人各異心，縱有同者，外人以賄誘之，則隨賄所轉。不但不顧國與民，並將自身亦不顧，謂為奉行禮義之失，其可乎哉！昔林文忠公之驅夷，即是其時證。以後大小事，何一非中國代為周旋令成乎？中國之人多半皆屬亡八字，故致外國如是之強，中國如是之弱。使皆守禮義，則外國之無益各貨將無處可消，而中國一年當保全數千萬萬金矣。中國人之下作，誠可謂下作之極矣。孟子曰：「獨孤臣孽子，其操心也危，其慮患也深，故達。」汝雖讀書閱世，未知讀書閱世之道，故有此問也。為今之計，當以提倡因果報應，生死輪迴，及改惡修善，信願往生，為挽回劫運、救國救民之第一著。談玄說妙，尚在其次。然欲救世，非自己躬行斷無實效。由身而家，由家而邑，由邑而國，此風一倡，或可有意料不及之效，否則便難夢見矣。

《印光法師文抄》上冊卷二上海商務印書一九二二年

復周群錚居士書

一

蕅益生於明末，沒於清初，一生弘法皆在南方，未曾一到北地。兼以順治初年，南方多未歸服，故大師於崇禎升遐，明圖版蕩之後，凡所著述但書歲次，不書國號及年號耳。及至福建、寧波各處歸順之後，不一二年即入涅槃。而台宗有倣之者，於康熙時著述亦不書國號年號，可謂誣衊蕅益與國家耳。莫不善學，有如此者！南方學者多宗台教，北方學者多宗賢首、慈恩，彼既不相習，故其流通也少。世宗雖倡刻大藏，其年初夏即已賓天。其清藏中，所以所出容有世宗裁奪者，實多半由當時所派之親王、總理、刻藏首領大和尚主持。又刻藏預事之僧，盡屬賢首、慈恩臨濟宗人；台宗只一人，而且尚屬校閱無權之人。蕅益著述，所入唯《相宗八要》、《釋大乘止觀法門》二種，餘者北方所無，將何由而附入乎？此係雍正末乾隆初年事。至乾隆末年，蕅益著述京中尚無多少。徹悟老人見《閱藏知津》，即欲刻板，擬再得一部，即不須另寫，庶省心力。因徧詢各剎，止得一部。凡大師流通到京之著述徹悟及徹悟之門人皆為刻板，亦有一二十種。不知世務之人，一歸之於世宗不取，可謂誣罔世宗。使世宗若全見蕅益著作，斷當具足入藏，一部不遺。須知清藏肇始於世宗，及世宗崩後、高宗繼立，凡刻藏事，皆當時僧俗中之權人主之，高宗亦不過應名而已。何以知之？世宗所著《揀魔辨異錄》，草稿甫畢，尚未謄清，隨即崩駕。高宗雖令繕寫刻板，亦不暇檢點，由未派一大通家主事，竟致錯訛不勝其多。此其父之手澤尚且如是，況大藏？又世宗於開首著此之時，即頒上諭，內有入藏流通之語，迨後止刻書冊板，竟未入藏。但將此上諭附於《圓明居士語錄》之後，將謂世宗亦嫌其習氣而不入乎？此其不入之由，以漢月藏子孫之外護，多屬當權之人，故不敢提倡耳。若言習氣，蕅益可謂絕無。而一般瞎眼禪和，謂為徒有文字，未得大悟，貢高我慢；此等人乃仰面唾天，何得據以評論耶？至於毀世宗者，亦與毀蕅益者知見相同，皆道聽途說，隨聲附和之流輩耳。

二

昨接師導信，言汝上月病勢甚險，近已痊癒，幸甚！人之處世，一一須按當人本分，不可於分外妄生計慮。所謂君子思不出其位。又曰君子素其位而行。汝雖於淨土法門頗生信慢，然猶有好高務勝之念頭未能放下，而未肯以愚夫愚婦自命。須知了生死、愚夫愚婦則易；以其心無異見故也。若通宗通教，能通身放下，做愚夫愚婦工夫則亦易。否則通宗通教之高人，反不若愚夫愚言之能帶業往生。淨土法門以往生為主，隨緣隨分，專精其志，佛決定不欺人。否則求生反墜，乃自悞耳，非佛咎也！

三

學佛必須專以自了為事，然亦須隨分隨力以作功德。若大力量人，方能徹底放下，徹底提起；中下之人，以無一切作為，遂成懶惰懈怠，則自利也不認真，利人全置度外，流入楊子拔毛不肯利人之弊。故必須二法相輔而行，但專主於自利一邊。二林之語亦不可誤會，誤會則得罪二林不小。二林之為，乃專主自利，非並隨分隨力教人修習淨土法門全廢也。利人一事，唯大菩薩方能擔荷，降此誰敢說此大話？中下之人，隨分隨力以行利人之事，乃方可合於修行自利之道，以修行法門有六度萬行故。自未度脫，利人仍屬自利，但不可專在外邊事迹上做。其於對治自心之煩惱習氣置之不講，則由有外行，內功全荒，反因之生我慢，自以功利為德，則所損多矣。譬如吃飯，須有菜蔬佐助；亦如身體，必用衣冠莊嚴；何於長途修行了生死之道，但欲一門深入，而盡廢餘門也，一門深入盡廢餘門唯打七時方可，平時若非菩薩再來，斷未有不成懈慢之弊者。以凡夫之心，常則生厭故也。天之生物必須晴雨調停，寒暑更代，方能得其生成造化之實際。使常雨常晴，常寒常暑，則普天之下了無一物矣。況吾儕心如猿猴，不以種種法對治，而欲彼安於一處不妄奔馳者，甚難甚難！人當自諒其力，不可偏執一法，亦不可漫無統緒。以持戒念佛，求生西方為主。遇一切人，上而父母、中而兄弟朋友、下而妻子奴僕，皆以此為導，將謂非自利乎？一燈只一燈，一燈傳百千萬億燈，於此一燈了無所損。孰得孰失？何去何從？豈待問人方了知乎？

四

前月十五接到汝書，以汝言孟由一到即便登程，恐回書落空，是以不復。即午復接汝書，知孟由尚未歸省。其所以稽遲不歸者，殆不敢擔由彼歸而汝即走出之擔子也。汝何不體我心及諸人之心，而硬做道理乎？光亦出家之人，豈必定礙滯汝，阻止汝，學在家人戀戀于家，不願令人速得解脫乎？但人之際遇，萬有不齊。約汝分論，實為在家益大而出家益小。

汝祖業頗可度用，上有慈親可事，中有兄弟可靠；室有賢妻，膝無子女。而且汝之大兄頗信佛法，三弟四弟亦皆與道不相悖戾。汝在家篤修淨業，亦可為慈親生信念佛，以期了脫之導。亦可為兄弟在外，料理家門之事。亦可以率其妻室、弟婦等，同修淨業、同出輪迴之計。外而鄉黨親戚，隨緣開導。即家舍為道場，舉慈親及兄弟、妻室、子姪、鄉黨、親朋皆為法眷，隨力隨分，身率言化，俾永嘉一班迷途之人，並彼邪見種性之人，同納于佛法至極圓頓淨土法門大治洪鑪之中，共成法器，同修淨業，將來同登蓮，共證菩提，豈不如汝出家為僧，舍親遠去，室人有無依之恨，慈親有怨子之懷，而且一班不明至理之人反謂佛法為背畔世道，妄生謗毀，俾此等人造口業、墮惡道，未見其益而先受此等大損之為愈乎？況汝慈親既不應許，豈可不遵慈命仍懷此心乎？如汝親絕不許汝必行，猶有可原，汝親甚歡喜汝修行，何得必欲離親修行乎？佛法中有六度萬行種種之功業，皆為利益眾生，汝不出家，則于親有大利益。只此一事，即可曲順親心，居塵學道，俾親日見之熟，不期其信向而自然信向，即為莫大功德。況不止親一人乎？又親既不許，則義不可再思出家。以佛戒律中，父母不許出家，自己任意求出家者，不許攝受剃度乃受戒等，否則師弟各皆得罪。

汝既以光為師，謂為善知識。然光實非善知識，而于背佛法事斷不敢為。但祈依光所說，順親之心，在家修行可也。古人有為知己者，不妨以身許之，況慈親留汝，光勸汝，豈可違抗，固執不改乎？當知孝順父母，奉事師長，慈心不殺，修十善業，乃往生正因，宜隨王虛中、周安士、彭尺木三先生，則不愧為佛弟子矣。

五

天下事皆有因緣。其事之成與否，皆其因緣所使，雖有令成令壞之人，其實際之權力乃在我之前因，而不在彼之現緣也。明乎此，則樂天知命，不怨不尤，素位而行，無入而不自得矣。汝獨不知身為人子，義當從親之命，又欲為人徒，猶當從師之命。然父母為子謀者，或有不當，以恩愛重而或有偏處；師則既能視為知識，斷不至所謀過於失當。居塵學道，即俗修真，乃達人名士及愚夫愚婦皆所能為，勉力修持，以在家種種繫累當作當頭棒喝，長時生此厭離之心，庶長時長其欣樂之志，即病為藥，即塞成通，上不失高堂之歡，下不失私室之依，而且令一切人同因見聞，增長淨信，何樂如之！但祈上遵母命，併順光心，隨分隨緣，自利利人。菩薩捨頭目髓腦以救眾生飢餓，在家修行，于親于汝，皆有大益，何得妄生違拒？如必曰決欲依我心行，光豈能令其不許如是，但祈將師徒之假名字取消，一任汝拜甚麼高僧，光概不過問。他日相見，一同路人，不得猶執師弟之禮。若不如是，且請依我所說。代光勸化甌江士女，同入蓮池海會。校與汝強欲為僧，致高堂失其歡心，兄弟妻室各懷憂念，而甌人妄生誹謗佛法之心與業，其得失實不啻天地懸隔。汝試詳審思之。光其為汝耶？害汝耶？光言盡于此矣。過此則一字不肯虛寫，任汝自便而已。

六

因果一法，為佛教入門之初步，亦為誠意、正心、修身、齊家、治國、平天下之要圖。丁氏所錄，或有紕繆，然其大體卻好，未可以袁氏之不德，而謂其為不足流通也。且袁氏往矣，能知其不德者幾何人哉？使因果報應之事寓諸日、感諸心，即素鄙袁氏者，亦當閑邪存誠，克己復禮，以自求免于罪戾，培植來福耳。未可以一眚而掩之也。且袁氏初則闢佛，繼則閱歷轉深，的知因果毫無差忒。雖未息心研究佛典，觀其所載感應事跡，實于佛法心悅誠服。所以未能如彭二林者，以文字障深，又以懶惰懈怠，致其結果，只為將來因種，為可惜耳。吾謂以袁氏、紀氏之博達，尚孜孜然以因果報應是輯，後之鑒者，或心有深感焉。不欲流通即已，若意欲流通，即便流通，致不宜過于計慮也。

七

講「起信論」甚好，但恐能領會者少，則於天機淺者失利益矣。似宜「淨土法門」與之並行，令彼先知了生死之要道，又知佛法心法之要，則為機理雙契矣。現在人的對證藥，唯因果為第一，宜修法，唯淨土為第一。若夫研究起信，雖亦具因果淨土，而凡夫知見，不能普領全義，又不能按論起修，則只一解義了之矣。無論何等根性，因果淨土為必不可不先講究也。

至於教相，亦須擇人而施，以學生各有所學之事，佛學乃兼帶耳。天機若淺，則專務教相，或將淨土拋在腦後，至成有因無果之結果，是不可不相機而設法也。今之崇相宗者，其弊亦復如是。彼提倡者，實不為了生死，只為通理性，能講說耳。使彼知自力了生之難，斷不肯唯此是務，置淨土於不問。或有誹薄之者，此其人皆屬好高務勝，而不知其所以高勝也。使真知之，殺了亦不肯棄置淨土法門而不力修也。

甚矣！學道之難也。弘一師之志，唯弘一師則可。若無大精進，生死心不切，則成懶惰懈怠之流矣。今之僧人，實難令人生信，但既追悼僧人，何可誹謗僧人？若舉其善者，戒勵不善者，則無過矣。然自既在學生之列，即戒勵亦宜緘默，以此種事唯有德望者方可舉行，非黃口雛生之所宜也。殘經無可修補，燒則無過，如可看可補者，則不宜燒。有不知變通，一向不敢燒。此經畢竟不能看，兼不能如好經收藏，反成褻瀆，兼以褻瀆之過貽於後人也。豈可不知權變乎哉？光常曰：「因果者，世出世間聖人平治天下，度脫眾生之大權也。」今時若不以因果為救國救民之急務，任汝智巧道德如何高超，皆屬虛設；以不講道理，兼無王法故也。

《印光法師文抄》上冊卷二上海商務印書一九二二年

與謝融脫居士書

貴鄉之知有淨土法門，由林介生之請淨土典章。倘諸居士于宿世中，向此法門未種善根，何能以古為師，一聞之下即便生信發願，自行化他，不十五年，其道大行之若是乎？

觀閣下之天姿境緣，及現在之法運時機，似宜以持五戒而護持三寶，宏淨土而普勸往生，為契理契機之第一要義。何以言之？閣下年已過四十，天姿非上等，欲研窮經藏，參訪知識，恐有法門無量，光陰不多，縱欲鑽研，措手不及之歎。又現今雖有知識，而僧多濫汙，同行乏人（同行，名為內護。能互相磋磨、挾持進道）。若向上之志一衰，則懶惰懈怠隨之，而不復振矣。如不慧二十一歲辭親出家，亦可謂發心真而立行猛矣。至今五十三歲，若宗若教，毫無所得，徒負親恩，空為佛子。所幸者，淨土一法，於出家學《彌陀經》時已生信心，實未蒙一知識開示。以當時業師與諸知識皆主參究，所有開示皆破淨土。吾則自量己力，不隨人轉，雖佛祖現身猶不改作，況知識所說乎？又現今法弱魔強，欲護持佛法，在俗則易，在僧則難。閣下若能嚴持五戒，專念彌陀，克己復禮，言行相應，然後廣行化導，普利群倫，不可居師位而自高，不可受錢財而自益，在家為一家演說，對眾為大眾詳陳，則人皆仰其德而信從其言，所謂其身正不令而行，草上之風必偃也。令郎不信此道，亦不可強，俟其遇境逢緣，天機發現時，一啟迪之，自有沛然莫禦之勢矣。

蓮社初開，須有定規，女人入社斷乎不可，切不可效他方之漫無檢約，以致一法才立而百弊叢生矣。至要至要！舍利不能禮拜，叢林不能親炙，有何所欠？但能見佛像即作真佛想，見佛經祖語即作祖佛面命自己想，必恭必敬，無怠無忽，則終日見佛，終日親炙諸菩薩祖師善知識。古利叢林云乎哉？市井習氣，出家若不真修，更甚於俗。若欲遠離，先須先了知世間一切諸法悉皆是苦、是空、是無常、是無我、是不淨，則貪瞋癡三毒無由而起矣。倘猶不能止，則以忠恕忍辱治之，則自止矣。若又不止，則設想於死，自然無邊熱惱化為清涼矣。《報恩經》謂次第受戒，今出家受戒者，亦先三皈、次五戒、次十戒、次具戒、次菩薩戒，但古之受戒者，是發心為了生死；今之受戒者，多是為充大僧而圖體面。得戒之言，從未措懷，故外方之蟒流了、下流坯，無不皆是受過三壇大戒之僧。此其弊由於清世祖罷試僧、免度牒，與近世之為師者貪名利、喜眷屬之所致也。吾恐貴地諸僧不知此義，謂度人出家是第一好事，致匪類入法，法隨以滅，故不避繁瑣而覼縷言之也。

須知淨土一切乃如來一代時教，最玄最妙、至圓至頓之法門（一法具一切法名圓。即生修，即生證名頓）。博地凡夫亦能入此法中，等覺菩薩不能出此法外，實上聖下凡速成佛道之一條捷徑。諸佛諸祖普度眾生之一隻慈航，於此不生信心，或信不真切，便是業深障重，不合了生脫死，超凡入聖，永世永劫在此世界，常輪六道無有出期。縱得人天，為時甚少，如客邸寄居；一墮三途，則其時甚長，如安住家鄉。每一思及，衣毛皆豎，不惜苦口，懇告同人。今為閣下引一明證，庶可策發信願之心，而鼓勵宏贊之力耳。此之法門，唯《阿彌陀佛經》、《觀無量壽佛經》、《無量壽經》專說，其餘一切大乘經中，無不發明此事。其他勿論。「華嚴」一經乃佛初成道，為十住、十行、十回向、十地、等覺、四十一位法身大士直說界外大法，不與凡夫二乘所共。末後〈入法界品〉，善財童子（童子，乃斷惑證真、破無明復本性之美稱。非如塑像作小孩子，為童子也。文殊菩薩，華嚴有處亦稱文殊童子，餘經亦有作此稱者）受文殊教，遍參知識，初見德雲即聞念佛法門，遂證初住，從此隨參隨證，至五十三普賢菩薩所，普賢以威神加被，令善財所證與普賢等，與諸佛等（是名等覺菩薩）。然後普賢令善財與華嚴海眾、一切諸大菩薩，發十大願王。以此十大願王功德回向往生西方極樂世界，以期圓滿佛果。又《觀無量壽佛經》〈下品下生章〉云：「下品下生者，或有眾生作不善業，五逆十惡，具諸不善。如此愚人應墮惡道，經歷多劫受苦無窮。臨命終時，遇善知識教稱佛名，滿十聲已，滅罪往生。」〈龍舒淨土文〉中，張善和、張鍾馗等即是其人。上之則文殊、（文殊有發願經）普賢，久成佛道之大菩薩；下之則五逆十惡，將墮地獄之惡眾生，皆承彌陀接引之力，皆為淨土所攝之機，可見法門廣大，了無棄物，佛願宏深，等視眾生。

吾嘗有聯云：「捨西方捷徑，九界眾生上何以圓成佛道？離淨土法門，十方諸佛下不能普利群萌！」閣下當發大勇猛，發大精進，擔荷此法，取古人宏揚淨土之逗機言論，為鄉里倡。

居塵不染，即俗修真。方合融脫命名之義。蓋融脫者，乃和光而不同其塵之謂也。鄙見如此，不知閣下以為何如？祈自裁度。

《印光法師文抄》上冊卷二上海商務印書 一九二三年

序說

袁了凡四訓鑄板流通序

聖賢之道，唯誠與明；聖狂之分，在乎一念。聖罔念則作狂，狂克念正作聖，其操縱得失之象，喻如逆水行舟，不進則退，不可不勉力操持，而稍生縱任也！須知誠之一字，乃聖凡同具，一如不二之真心。明之一字，乃存養省察，從凡至聖之達道。然在凡夫地，日用之間萬境交集，一不覺察，難免種種違理情想，瞥爾而生。此想既生，則真心遂受錮蔽，而凡所作為，咸失其中正矣！若不加一番切實工夫，克除淨盡，則愈趨愈下，莫知底極。徒具作聖之心，永淪下愚之隊，可不哀哉！

然作聖不難，在自明其明德。欲明其明德，須從格物致知下手。倘人欲之物不能極力格除，則本有真知，絕難徹底顯現。欲令真知顯現，當於日用云為常起覺照，不使一切違理情想暫萌於心。常使其心虛明洞察，如鏡當臺，隨境映現，但照前境，不隨境轉；妍媸自彼，于我何干？來不預計，去不留戀。若或違理情想，稍有萌動，即當嚴以攻治，剿除令盡。如與賊軍對敵，不但不使侵我封疆，尚須斬將搴旗，剿滅餘黨。其制軍之法，必須嚴以自治，毋怠毋忽；克己復禮，主敬存誠。其器仗須用顏子之四勿、曾子之三省、蘧伯玉之寡過知非，加以戰戰兢兢，如臨深淵、如履薄冰與之相對，則軍威遠振，賊黨寒心。懼罹滅種之極戮，冀沾安撫之洪恩，從茲相率投降，順歸至化，盡革先心，聿修後德。將不出戶，兵不血刃，舉寇仇皆為赤子，即叛逆悉作良民。上行下效，率土清寧，不動干戈，坐致太平矣！如上所說，則由格物而致知，由致知而克明明德。誠明一致，即凡成聖矣。其或根器陋劣，未能收效；當效趙閱道日之所為，夜必焚香告帝，不敢告者，即不敢為。袁了凡諸惡莫作，眾善奉行，命自我立，福自我求，俾造物不能獨擅其權。受持功過格，凡舉心動念及所言所行，善惡纖悉皆記，以期善日增而惡日減。初則善惡參雜，久則唯善無惡，故能轉無福為有福，轉不壽為長壽，轉無子孫為多子孫，現生優入聖賢之域，報盡高登極樂之鄉，行為世則，言為世法。彼既丈夫我亦爾，何可白輕而退屈？

或問：「格物，乃窮盡天下事物之理。致知，乃推極吾之知識，必使一一曉了也。何得以人欲為物，真知為知，克治顯現為格致乎？」答曰：「誠與明德，皆約自心之本體而言。名雖有二，體本唯一也。知與意心，兼約自心之體用而言，實則即三而一也。格致誠正明（此指明明德之明，與誠明之明），五者皆約閑邪存誠返妄歸真而言。其檢點省察造詣工夫，明為總綱，格致誠正乃別目耳，修身、正心、誠意、致知，皆所以明明德也。倘白心本有之真知為物欲所蔽，則意不誠而心不正矣。若能革而除之，則是慧風掃蕩障雲盡，心月孤圓朗中天矣。此聖人示人從泛至切，從疏至親之決定次序也。若窮盡天下事物之理，俾吾心知識悉皆明了，方能誠意者；則唯博覽群書、遍遊天下之人，方能誠意正心以明其明德，未能博覽閱歷者，縱有純厚天姿，以誠意正心皆無其分，況其下焉哉？有是理乎？然一切不深窮理之士，與無知無識之人，若聞理性，多皆高推聖境，自處凡愚，不肯奮發勉勵，遵循從事。若告以過去現在未來三世因果，或善或惡各有其報，則必畏惡果而斷惡因，修善因而冀善果。善惡不出身口意三，既知因果，自可防護身口，洗心滌慮，雖在暗室屋漏之中，常如面對帝天，不敢稍萌匪鄙之心，以自干罪戾也已。此大覺世尊普令一切上中下根，致知誠意、正心修身之大法也。然狂者謂其拘束，謂為著相；愚者防己愧祚，謂為渺茫，除此二種人，有誰不信受？故夢東云：『善談心性者，必不棄離於因果。而深信因果者，終必大明夫心性。』此理勢所必然也。須知從凡夫地乃至圓證佛果，悉不出因果之外。有不信因果者，皆自棄其善因善果，而常造惡因，常受惡果，經塵點劫，輪轉惡道，末由出離之流也。」哀哉！聖賢千言萬語，無非欲人反省克念，俾吾心本具之明德不致埋沒，親得受用耳。但人由不知因果，每每肆意縱情，縱畢生讀之，亦只學其詞章，不以希聖希聖為事，因茲當面錯過。袁了凡先生訓子四篇，文理俱暢，豁人心目。讀之自有欣欣向榮，亟欲取法之勢，洵淑世良謨也。永嘉周群錚居士，感佩之極，祈上海商務印書館鑄鉛為板，以公同志，又印送若干，以結法緣，祈予為序，因撮取聖賢克己復禮閑邪存誠之意，以塞其責云。

《印光法師文抄》下冊卷三上海商務印書一九二二年

壽康寶鑑序

人未有不欲長壽康寧、子孫蕃衍、功業卓著、吉曜照臨者，亦未有欲短折疾病、後嗣滅絕、家道傾頹、凶神莅止者，此舉世人之常情，雖三尺孺子，莫不皆然，縱至愚之人，斷無幸災樂禍，厭福惡吉者。而好色貪淫之人，心之所期，與身之所行，適得其反，卒至所不欲者悉得，而所欲者悉莫由而得，可不哀哉！彼縱情花柳，唯此是圖者，姑勿論。即夫婦之倫，若一貪湎，必致喪身殞命。亦有並回不過貪，但由不知忌諱（忌諱種種，詳示書後。此不備書），冒昧從事，以致死亡者，殊堪憐愍。以故前賢輯《不可錄》，備明色欲之害。其戒淫窒欲之格言，福善禍淫之證案，持戒之方法日期，忌諱之時處人事，不憚繁瑣，縷析條陳，俾閱者知所警戒。其覺世救民之心，可謂懇切周摯矣。而印光復為增訂，以名《壽康寶鑑》，復為募印廣布者，蓋以有痛于心而不容已也。

一弟子羅濟同，四川人，年四十六歲，業船商于上海。其性情頗忠厚，深信佛法，與關絅之等合辦淨業社。民國十二三年，常欲來山歸依，以事羈未果。十四年病膨脹數月，勢極危險，中西醫均無效。至八月十四，清理藥帳，為數甚鉅，遂生氣曰：「我從此縱死，亦不再吃藥矣！」其妾乃于佛前懇禱，願終身吃素念佛以祈夫癒。即日下午病轉機，大瀉淤水，不藥而癒。光于八月一來申，寓太平寺。九月初二，住淨業社會關絅之，濟同在焉，雖身體尚未大健，而氣色淳淳光華，無與等者。見光喜曰：「師父來矣！當在申歸依，不須上山也。」擇于初八，與其妾至太平寺，同受三歸五戒。又請程雪樓、關絅之、丁桂樵、歐陽石芝、余峙蓮、任心白等諸居士陪光吃飯。初十又請光至其家吃飯，且曰：「師父弟子等之父母，弟子等即師父之兒女也。」光曰：「父母唯其疾之憂。汝病雖好，尚未復原，當慎重。」惜未明言所慎重者，謂房事也。至月盡日，于功德林開監獄感化會，彼亦在會，眾已散，有十餘人留以吃飯。彼始來，與司帳者交代數語而去。其面貌直同死人，光知其犯房事所致。切悔當時只說父母唯其疾之憂，未曾說其所以然，以致復瀕于危也。欲修書切戒，以冗繁未果。九月初六至山，即寄一信，極陳利害，然已無可救藥，不數日即死。死時關絅之邀諸居士皆來念佛，其得往生西方與否未可知，當不至墮落耳。

夫以數月大病，由三寶加被不藥而癒，十餘日間，氣色光華遠勝常人。由不知慎重，誤犯房事而死，不但自戕其生，其孤負三寶之慈恩也甚矣！光聞訃，心為之痛，念世之不知忌諱，冒昧從事，以致殞命者，其多無數。若不設法預為防護，殊失如來慈悲救苦之道。擬取《不可錄》而增訂之，排印廣布，以期舉世咸知忌諱，不致誤送性命。一居士以母氏遺資千六百元，擬印善書施送，光令盡數印《壽康寶鑑》，以拯青年男女于未危。則以羅濟同一人之死，令現在未來一切閱此書者知所戒慎，並由展轉流通、展轉勸誡，庶可舉世同享長壽康寧，而鰥寡孤獨之苦況日見其少。如是則由濟同一人之死，令一切人各得壽康，濟同之死為有功德，仗此功德，回向往生，當必俯謝娑婆，高登極樂，為彌陀之弟子，作海眾之良朋矣！孟子曰：「養心者莫善型寡欲，其為人也寡欲，雖有不存焉者寡矣！其為人也多欲，雖有存焉者寡矣！」康健時尚宜節欲，況大病始癒乎？

十年前一鉅商之子，學西醫于東洋。考第一，以坐電車，未駐而跳，跌斷一臂。彼係此種醫生，隨即治好。凡傷骨者，必須百數十日不近女色，彼臂好未久，以母壽回國，夜與婦宿，次日即死。此子頗聰明，尚將醫人，何至此種忌諱懵然不知？以俄頃之歡樂，殞至重之性命，可哀孰甚？前年一商人正走好運，先日生意獲六七百元，頗得意。次日由其妾處往其妻處，其妻喜極。時值五月，天甚熱，開電扇，備盆澡，取冰水加蜜令飲。唯知解熱得涼，不知彼行房事不可受涼，未三句鐘腹痛而死。是知世之由不知忌諱，冒昧從事以至死亡者，初不知其有幾千萬億也。而古今來福最大者，莫過皇帝。福大壽亦當大，試詳考之，十有八九皆不壽。豈非以欲事多，兼以不知忌諱，以自促其壽乎？而世之大聰明人每多不壽，其殆懵懂于此而致然乎？

光常謂世人十分之中，四分由色欲而死；四分雖不由色欲直接而死，因貪色欲虧損，受別種感觸間接而死；其本乎命而死者，不過十分之一二而已。范范世界，芸芸人民，十有八九由色欲死，可不哀哉！此光流通《壽康寶鑑》之所以也。願世之愛兒女者，以及為同胞作幸福防禍患者，悉各發心印送，展轉流傳，俾人各悉知忌諱，庶不至誤送性命，及致得廢疾而無所成就也。彼縱情花柳者，多由自無正見，被燕朋淫書所誤，以致陷身于欲海之中，莫之能出，若肯詳閱，則深知利害。其所關于祖宗父母之榮寵羞辱，與自己身家之死生成敗，並及子孫之賢否滅昌，明若觀火。倘天良尚未全昧，能不觸目驚心，努力痛戒乎？將見從茲以後，各樂夫婦之天倫，不致貪欲損身，則齊眉偕老，既壽且康。而寡欲之人恆多子，而且其子必定體質強健，心志貞良，不但無自戕之過失，決可成榮親之令器，此光之長時馨香以禱祝者。願閱者共表同心，隨緣流布，則人民幸甚！國家幸甚！

《印光法師文抄》下冊卷三上海商務印書一九二三年

循陔小築發隱記

孝之為道，其大無外；一切諸善，無不彌綸。然有世、出世間，人小本跡之異。世間之孝——服勞奉養以安其身，先意承志以悅其心，乃至立身行道以揚名于後世。雖其大小不同，皆屬色身邊事，縱令大孝格天，究于親之心性生死無所裨益，所謂徒徇其跡而不究其本。況乎殺生以養以祭，俾親之怨對固結，永劫酬償不已者乎？出世間之孝！其跡亦同世間服勞奉養，以迄之身揚名，而其本，則以如來大法令親熏修。親在，則委曲勸諭，冀其吃素念佛，求生西方。吃素則不造殺業，兼滅宿殃；念佛則潛通佛智，暗合道妙。果能深信切願，求生西方，必至臨命終時，蒙佛接佛，託質九蓮也。從茲超凡入聖，了生脫死，永離娑婆之眾苦，常享極樂之諸樂。親沒，則代親篤修淨業，至誠為親回向，心果真切，親自蒙益，若未往生，可即往生，若已往生，高增蓮品，既能如是發心，則與四宏誓願相應，菩提覺道相契，豈獨親得蒙益，而己之功德善根，蓮臺品第，當更高超殊勝矣！而況以身說法，普令同倫發起孝思乎？此其孝方為究竟實義。非若世間只期有益于色身及現世，竟遺棄其心性與未來而不論也。

是知佛教以孝為本，故《梵網經》云：「孝順父母、師、僧三寶，孝順至道之法，孝名為戒。」又于殺盜淫各戒中，皆言：應生慈悲心、孝順心。于不行放救戒中，則云：「一切男子是我父，一切女人是我母；我生生無不從之受生，故六道眾生皆是我父母。而殺而食者，即殺我父母。」由是言之，佛教之孝，遍及四生六道，前至無始，後盡未來，非只知一身一世之可比也。知是而不戒殺放生，吃素念佛者，豈究竟至極無加之孝乎哉？

杭垣紫蔭張公，孝思無既。親沒數十年，每一念及，尚復揮涕。因念親故，專念佛名。蓋以我此色身即親之身，我既為親念佛，親必蒙佛攝受也。其孝也，可謂兼世出世而兩全之也。而有其父必有其子，其令嗣馨谷，善體親心，篤修淨業，廣行眾善；初則遍請名賢，發揮祖母費太孺人苦節撫孤，德鎮坤維之賢，刻其文為〈旌節錄〉，冀所以慰祖母之貞靈，而安父終身孺慕之孝思也。繼則以父常時思慕，因築一室，羅植松竹，額曰循陔小築。中供祖母之像，四壁鋪張名賢題詠，以期其父常奉顏色，而致其如在之誠也。又以循陔小築，遍求名賢題詠；一以彰其父之孝思，一以冀感發于同人。深合觀經孝順父母，奉事師長，慈心不殺，修十善業之道。既有淨業正因，必獲往生實果。然則紫蔭公之父子，及諸眷屬，雖則尚居娑婆，實皆西方極樂世界中之諸上善人也。世之欲孝其親者，可不以此為法乎哉？

《印光法師文抄》下冊卷四上海商務印書一九二二年

淨土問答並序

大矣哉！淨土法門之為教也！是心作佛，是心是佛，直指人心者，當遜其奇特；十念一念，即登不退，歷劫修證者，當仰其高風。普被上中下根，統攝律教禪宗。如時雨之潤物，若大海之納川。偏圓頓漸一切法，無不從此法界流。大小權實一切行，無不還歸此法界。不斷惑業，得預補處，即此一生，證大菩提。九界眾生離此法，上不能圓成佛道；十方諸佛捨此法，下不能普利群生。是以華嚴海眾，盡遵十大願王；法華一稱，悉證諸法實相。如斯大力用，諸佛共宣揚。若此極發揮，諸祖皆如是。誠可謂一代時教之極譚，一乘無上之大教也。不植德本，歷劫難逢，幸得聞熏，勉力修習。恐彼無知狂徒，謂為淺近，故此依教讚述，令其奉行耳。

問：念佛法門，愚尚能修，律教、禪宗，智猶難曉。何謂此法統彼諸法？

答：欲知此義，須深明佛力、自力大小優劣，則一切疑惑泮然冰釋矣。夫佛與眾生心性雖同，若論力用，天地懸殊。良由眾生具足無量煩惱惡業，功德智慧不能顯現；佛則具足無量功德智慧，煩惱惡業淨盡無餘。佛與眾生，迷悟不同，致使力用，勝劣迴異。律宗、禪宗，皆仗自力了脫生死，所以久經長劫，尚難出離。念佛法門，全仗佛力又兼自力，了脫生死，所以盡此一生，便登不退。

問：自力、佛力，其義云何？願垂明誨。

答：佛教、禪宗，最初須深明教理，依教修行。修行功深，斷惑證真，方出生死。若教理不明，則盲修瞎煉，若非得少為足，便是著魔發狂。縱使理明功深，亦頗斷惑，倘有絲毫未盡，依舊不出苦輪。直待惑業淨盡，方可出離生死，尚去佛地甚大懸遠，更須歷劫進修，始可圓滿佛果。譬如庶民，生而聰慧，讀書學文，多年辛苦，學問既成，登科入仕，由其有大才能，所以從小漸升，直至宰相，官居極品，再無可升。於群臣中，位居第一；若比太子，貴賤天淵，何況皇帝？舉世為臣，奉行君命，鞠躬盡瘁，輔治國家。然此相位大不容易，半生勤勞，通身能耐，到下場頭不過如是。若學問才能稍不充足，則不能如是者有百千萬億也。此是自力。學問才能，譬深明教理，依教修行，位至宰相，譬修行功深，斷惑證真；只可稱臣，不敢作君（臣決定不敢作君，臣欲作君，除非託生皇宮為皇太子。修餘法門，亦可成佛，但與淨土校，奚啻日劫相倍。讀者須善會其意，勿泥其詞。然依華嚴末後一著，等覺菩薩，尚以十大願王迴向往生，正與託質皇宮為皇太子意義相齊。淨土法門，得華嚴一經，遂得如大海之橫吞萬川，如太虛之總攝萬象耳。猗歟大哉），譬雖出生死，尚未成佛；學問不充，不能如是者甚眾，譬惑未斷盡，不出生死苦海者甚眾也。念佛法門，縱不明教理，未斷惑業，但能信願持名，求生淨土，臨命終時，決定蒙佛親垂接引，往生西方。既生西方，見佛聞法，悟無生忍，即此一生，定補佛位。此是佛力，又兼自力。謂信願持名，是自力能感於佛；誓願攝受，垂慈接引，是佛力能應於我。感應道交，故得如是。又若深明教理，斷惑證真，則往生品位更高，圓成佛道更速。所以文殊、普賢、華嚴海眾、馬鳴、龍樹諸宗祖師，皆願往生也。譬如託生皇宮，一出母胎，貴壓群臣，此是王力。迨其長大，學問才能，一一充足，便能承紹大統，平治天下，一切臣宰皆聽詔諭，此則王力、自力兼而有之。念佛法門，亦復如是。未斷惑業，仗佛慈力往生西方，便出生死，猶如太子初生貴壓群臣。既往生已，惑業目斷，定補佛位，猶如太子長大，承紹大統，平治天下也。又已斷惑業，如馬鳴、龍樹諸宗祖師已登補處，如文殊、普賢、華嚴海眾皆願往生者，猶如昔鎮邊鄙，不堪承紹，今居東宮，不久登極也。祈盡捨舊習，於此法門極生信願，專精修習，則無盡煩惱不難頓斷，無量法門自然證入。其圓成無上佛道，度脫無邊眾生，若操左券而取故物矣。尚勉之哉！尚勉之哉！

《印光法師文抄》下冊卷四上海商務印書一九二二年

南潯極樂寺重修放生池疏

戒殺放生之事，淺而易見；戒殺放生之理，深而難明。若不明其理，縱能行其事，其心決不能至誠惻怛，其福田利益亦隨其心量而致成微淺。倘遇不知者阻誹，遂可被彼所轉，而一腔善心隨即消滅者有之。以故不避繁詞，用申其義，俾物類同沐慈恩，人倫各培福祉，以懇到之深仁，滅自他之殺報，同臻壽域，共樂天年。尚祈以此功德，回向西方，則永出輪迴，高超三界，為彌陀之弟子，作海眾之良朋矣。閱者幸注意焉！

原夫水陸眾生一念心性，直下與三世諸佛無二無別。但以宿惡業力，障蔽妙明不能顯現，淪於異類。遂致知識陋劣，除求食避死之外，了無所知。譬如大寶銅鏡，經劫蒙塵，不唯毫無光明，即彼銅體亦不顯現，直同廢物。忽遇智人，知是寶錦具有照天照地無邊光明，遂日事磨礱，初則略露鏡體，次則漸發光明。及乎磨之至極，則照天照地之光，全體顯現。無智之人方始貴重，視為至寶。須知此光，鏡本自具，非從磨得；雖復自具，倘無磨礱之緣，從劫至劫，亦無發光之日。一切人天六道眾生心性悉皆如是，由無始來惑業障蔽，不能顯發本具妙明，迷背真性，造生死業。大覺世尊知諸眾生一念心性與佛同儔，因茲種種方便，隨機說法，普令修習戒定慧道，以期斷惑業而復本有，圓福慧以證法身。又令世人發慈悲心，戒殺放生，良以我與一切眾生皆在輪迴之中，從無始來展轉相生，展轉相殺。彼固各個皆為我之父母兄弟姊妹兒女，我亦各個皆為彼之父母兄弟姊妹兒女。彼固頻頻由惡業力，或於人中、或於異類，受我殺戮；我亦頻頻由惡業力，或於人中、或於異類，受彼殺戮。久經長劫，相生相殺，了無底止。凡夫不知，如來洞見，不思則已，思之則不勝慚愧悲憫矣。我今幸承宿世福善，生於人道，固宜解怨釋結，戒殺放生，令彼一切有生命者，各得其所。又為念佛回向淨土，令得度脫。縱彼業重，未能即生，我當仗此慈善功德，決祈臨終往生西方。既往生已，即得超凡入聖，了生脫死，永出輪迴，漸證佛果矣。

且愛物放生，古聖先賢皆行此事。故「書」有鳥獸魚鼈咸若之文；而文王澤及枯骨，況有知覺之物哉？至於簡子放鳩、子產畜魚、隨侯濟蛇、楊寶救雀，此固聖賢一視同仁之心，尚不知其蠢動含靈，皆具佛性；展轉升沉，互為怨親，及將來決定成佛等義。迨至大教東來，三世因果及生佛心性平等無二之理，大明於世；凡大聖大賢，無不以戒殺放生為挽殺劫以培福果、息刀兵而樂天年之基祉。古云：「欲知世上刀兵劫，須聽屠門半夜聲。」又云：「欲得世間無兵劫，除非眾生不食肉。」是知戒殺放生乃拔本塞源之濟世良謨也。故陳智者大師，買臨海江滬溪梁六十餘所，亙四百餘里為放生池。請敕立碑，禁止漁捕，有偷捕者動輒得禍。直至唐貞觀中猶然如是。唐肅宗乾元二年，詔天下諸州各立放生池，敕顏真卿撰碑文，並書丹，有云：「我皇舉天下以為池，罄域中而蒙福，承陀羅尼加持之力，竭煩惱海生死之津。揆之前古，曾何髣髴？」宋真宗天禧元年，詔天下立放生池，而杭州西湖亦宋之放生池也。明蓮池大師立放生池於上方、長壽二處，其戒殺放生文，流通天下，迄今三百餘年以來，景仰高風、慈濟物類之緇素通人何可勝數？

或曰：「鰥寡孤獨，貧窮患難，所在皆有，何不周濟？而乃汲汲於不相關涉之異類？其緩急輕重，不亦倒置乎哉！」答曰：「子未知如來教人戒殺放生之所以也。夫人物雖異，佛性原同。彼以惡業淪於異類，我以善業幸得人身。若不加憫恤，恣情食噉，一旦我福或盡，彼罪或畢，難免從頭償還，充彼口腹。須知刀兵大劫，皆宿世之殺業所感。若無殺業，縱身遇賊寇，當起善心，不加誅戮。又況瘟疫水火諸災橫事，戒殺放生者絕少遭逢。是知護生原屬護自，戒殺可免天殺、鬼神殺、盜賊殺、未來怨怨相報殺。鰥寡孤獨，貧窮患難，亦當隨分隨力以行周濟，豈戒殺放生之人絕不作此項功德乎？然鰥寡等雖深可矜憫，尚未至於死地。物則不行救贖，立見登鼎俎以充口腹矣！」

又曰：「物類無盡，能放幾何？」答曰：「須知放生一事，實為發起同人，普護物命之最勝善心。企其體貼放之之意，中心惻然，不忍食噉。既不食噉，則捕者更息。庶水陸空行一切物類，自在飛走游泳於自所行境，則成不放之普放，非所謂以天下而為池乎！縱不能人各如是，而一人不忍食肉，則無量水陸生命得免殺戮，況不止一人乎？又為現在未來一切同人斷鰥寡孤獨、貧窮患難之因，作長壽無病、富貴安樂、父子團　、夫妻偕老之緣。正所以預行周濟，令未來生生世世永不遭鰥寡等苦，長享受壽富等樂，非所謂罄域中而蒙福乎？何可漠然置之？子審思之！戒殺放生畢竟是汲汲為人，抑止汲汲為物，而緩急輕重倒置乎？

南潯極樂寺外向有放生池，以砌未全砌，遂致坍塌；兼復多年未濬，淤泥充滿。每有善士就河放生，雖發善心，生難獲益。其旦蒙放而暮復遭捕者，當居多半。若近大江，則固宜放之江中，小河則斷非所宜。園林大師心有不忍，擬欲深濬其池，外築圍牆以為防護，俾放生有地，而盜捕無由，其意亦良厚矣！尚未開工，適普陀覺三大師至，一見即志道相契，族以寺事付託，而己則放下萬緣，專修淨業焉。覺師纘承舊緒，即欲速成其事，但以工程浩大，獨力難王，擬募闔鎮善信共襄勝事，祈予作序。（下略）

《海潮音》第二卷第一期一九二一年一月二十日、《印光法師文抄》上冊卷二上海商務印書一九二二年

雜述

潮陽佛教分會演說

代了清師作

一

我大覺世尊釋迦牟尼佛！塵點劫前早成正覺，為度眾生，數數不生，頻頻現滅。且據此番出世，在周昭王二十六年申寅，示生於中天竺迦毗羅衛國淨飯王宮。其母摩耶夫人，於四月八日入毗嵐尼園游觀，見無憂樹華盛開，以右手攀枝欲取，世尊即於右脇誕生。隨即一手指天，一手指地，目顧四方，周行七步，曰：「天上天下，唯我獨尊！」至年十九，於二月八日夜半時，乘乾陡馬逾城而去，直至深山修出世道。又欲示彼外道皆非正法，故復遊歷五年，偏訪諸仙，後乃獨坐觀心，日食一麻一麥，苦行六年，於臘月初八日朝星出時，舉目一觀，豁然大悟。歎曰：「奇哉奇哉！一切眾生具有如來智慧德相，但以妄想執著，不能證得。若離妄想，一切智、自然智、無礙智即得現前。」須知世尊出家遊歷苦行悟道，皆為後世人修行者作一榜樣。非先實未悟，因茲始悟也。事在穆王二年癸未。從茲隨順機宜，度脫眾生，說法四十九年，談經三百餘會。偏圓頓漸，大小權實，觀機逗教，令其得益。至穆王五十二年壬申二月十五日，以一切眾生根已熟者，皆證道果；其未熟者，皆亦已作得度因緣，一期事畢，復示涅槃。以定慧所生丈六之法身，作金剛不壞八斛之舍利，散布天上人間，起塔供養，普令眾生同種善根。

至漢明帝永平七年甲子，帝夢金人項有圓光飛來殿廷，旦問群臣：「是何祥瑞？」太史傅毅對曰：「西域有神，號之為佛。陛下所夢，其必是乎？」帝遂遣博士王遵，中郎將秦景，郎中蔡愔等一十八人，往求佛法。至月氏國，值迦葉摩騰、竺法蘭二尊者，賷佛經像，欲化此方，遂祈同來。至十年始達洛陽，館於鴻臚寺。後建迦藍，因以白馬馱經，假館鴻臚之故，因名之曰白馬寺。帝問摩騰：「大覺世尊何以不生中國？」騰曰：「迦毗羅衛國，乃大千世界之中，三世諸佛悉生於此。邊方國土，或數百年，或千餘年，聲教漸被。此土乃屬東方，當土自稱中國耳。」五嶽諸山道士，以新來佛法，帝極崇重，遂懷忌妒。至十四年正月一日，朝正之次，表請較試。帝允許之。至十五日，於白馬寺南門外，築臺置經，以火取驗。道經悉燬，佛像及經，悉皆放光。摩騰涌身虛空，現諸神變。即時宰官士庶，道士妃嬪等千餘人出家。帝即建十寺；七寺安僧，三寺安尼。然此時，東西尚未大通，往來者少。佛法流布僅在北方。三國初有康僧會者，始宏化吳地，至晉而遍及全國，兼流布於高麗、日本、暹羅、安南、緬甸、蒙古諸國。

佛法肇始於漢，擴張於晉，及宋齊梁陳隋則蒸蒸日上。至唐而律教禪淨性相諸法，無不具備。五代之時，北方略衰，南方猶盛。至宋而法門氣象不亞唐時。元以蒙古入承大統，崇重佛法，不讓前朝。明朝諸帝，奉佛猶殷。唯嘉靖崇信道教，四十餘年，法運少衰，萬曆以來，又復蔚興。迨至有清，崇重尤隆。世祖章皇帝不觀時機，仰遵佛制，罷除試僧度牒，令其隨意出家。在當時高人林立，實為有益。從乾隆以後，法道日微，加以髮匪、回匪屠戮僧侶，焚燬寺宇，法輪幾乎停轉。從茲哲人日希，典型日墜。鄙敗無賴之徒，由不試僧之故，各皆混入其中。裨販如來，造種種業。致令見淺之流，紛紛謗議；竟有逐僧毀寺等種種不法之舉。雖事出無知妄作，總因僧界無人，解其俱缺，不能以法化人之所致耳。

溯自法流中國，歷代帝王無不崇奉；唯三武滅佛，而隨即更興。譬冬之凍閉堅固，正成就其春夏之發生暢茂耳。杲日當空，隻手焉遮？仰面唾天，反污己身。三武者，魏太武、周武帝、唐武宗也。先皆深信佛法，極意修習，魏武信崔浩之蠱惑，周武聽衛元嵩之讒譖，唐武信李德裕及道士趙歸真之誣謗；毀滅未久，而主者助者皆罹極殃。魏武廢教後，不五六年，崔浩赤族，己亦被弒。嗣帝即位，復大興之。周武廢教後，元嵩貶死，不五年而身感惡疾，遍體糜爛。死未三年，隋文受禪，復大興也。唐武廢教後，不及一年，歸真被誅，德裕竄死，武宗服道士金丹，疽發背死。宣宗復大興之。宋之徽宗，初亦甚信佛法，後聽道士林靈素之妖妄，遂改佛像為道相；稱佛為大覺金仙，稱僧為德士，著道士衣；凡作法事，居道士後。下詔不久，京城大水，直同湖海。君臣惶懼，敕靈素止水，愈止愈漲。忽僧伽大聖現靈禁中，帝焚香乞哀，僧伽振錫登城，水即頓涸，隨敕復佛舊制。不六七年，父子被金擄去。金封徽宗為昏德侯，欽宗為重昏侯，二宗皆死於五國城。

夫佛乃三界大師，四生慈父，聖中之聖，天中之天！教人以返妄歸真，背塵合覺，了幻妄之惑業，復本有之心性。尚感恩報德，護持流通之不暇，豈可任一時之勢力，滅眾生之慧眼，斷人天之坦路，掘地獄之深坑？宜其即目交報，永劫沉淪，貽誚將來，以為殷鑑。「書」曰：「惠迪吉，從逆凶，惟影響。」因果報應，亦儒教之聖謨，但未深明其致，故人多暗昧不了耳。由漢至今，千八百餘年，自天子以至於庶人，依佛法而明心見性，了生脫死者，如恆河沙。

迄今民國啟運，各界名人皆知佛教為世出世間道之源本，保護贊助。我廣東乃千餘年來宏法勝地，曹溪一脈，流布中外，潮陽靈山，實大顛禪師（師諱寶通，潮州楊氏子。參南嶽石頭希遷禪師，大悟，遂嗣其法。住潮州靈山，刺史韓退之初不信佛，每作文排斥，至憲宗元和十四年，諫迎佛骨，貶之潮州，因與大顛往還；乃少生信向耳）。攝闢佛之大儒，入佛法之勝道場地。今法運雖衰，勝地猶昔。我僧界諸同衣，各宜以古為師，見賢思齊，精進勇猛，力修淨業，庶不至宗風掃地，貽辱法門。而況外護有人，內修無障，豈可不自奮勉，以挽既倒之狂瀾，續將絕之慧命，冀報佛恩於萬一哉？

二

今日緇素雲集，嘉會宏開，其名義宗旨，事業利益畢竟如何，請略陳之。

言名義者，名為潮陽佛教分會。而義則佛者，覺也。自覺覺他，覺行圓滿，名之為佛。即指娑婆教主本師釋迦牟尼佛而言，非過去現在未來十方一切諸佛也。教者，聖人被下之言，上之所施，下之所效也。佛視一切眾生本覺妙性與己無異，但以迷染因緣，遂成不覺，幻起煩惱惑業，枉受生死苦果。因將眾生本具，自己親證之理，隨彼根性，作偏圓頓漸、大小權實等種種異說。令其於不覺心起始覺智，修德有功，性德方顯。真窮妄盡，徹證本覺。一大藏教，皆詮斯義；佛諸弟子，永為典型。此教之所由來也。會者，聚也，合也。欲上求佛道，非聚合六度萬行而無由；欲下利眾生，非聚合三宗四教而不可。今茲一會，乃聚合僧俗兩界諸大德，同心戮力，維持法門，振興佛教，上輔國政，下化同胞。然則此會，亦法王嘉會，及法施之會之流類也。

宗旨者，整理法門，保護僧產，俾僧俗各體忠恕慈悲，以永享乎共和幸福耳。事業者，教育幼僧，習學經典，策勵先進，篤修淨業。若是在家居士，務祈專念彌陀，求生西方。利益者，持佛禁戒，自行化他，則俗美人和。依教修觀，斷惑證真，則超凡入聖。

醫家治病，緩則培本，急則治標。外界侵奪，乃法門標病，以其急故，因以保護僧產為首。若論正本清源之道，我同衣果能人人恪守清規，篤修淨業，道行若立乎己身，德化自感於同人。彼常謀侵奪排斥者，將反而恭敬供養之不暇矣，何用乎保護為？倘佛會雖立，行為仍舊，善人則厭而惡之，惡人則必以佛會無益為口實，而更加侵奪排斥。縱欲保護，亦無從措手矣！孟子謂：「夫人必自侮而後人侮之，家必自毀而後人毀之，國必自伐而後人伐之」者，此之謂也。凡我同衣，各宜勉旃，內護得法，則外侮自息矣！

三

諸佛菩薩於眾生等作利益，無有偏黨，如天普蓋，如地普載；如日月普照，如膏雨普潤，了無憎愛分別之心。然由眾生向背不同，致令損益天地懸殊。譬如人處天地之間，以不善攝生故，或因嚴寒酷暑而致病，或因墮坑落塹以亡身，只宜歸咎自己，豈可怨尤天地？又如日月當空，盲人雖不睹光，亦蒙其照，時雨等澍，小草縱難沖霄，亦遂其生。光潤是一，而得益各別者，由目壞根小之所致也。其慈悲誓願，以己功德回向眾生，冥熏加被，與垂形六道，和光同事，種種方便利益眾生之不思議事，若非徹證自心，遍閱大藏，何由得悉知親見也哉？今以顯而易見之一事言之，諸有智者，自當以一悟諸，深感佛恩，而悲其聞法修持之晚也。

當今之世，去堯舜禹湯文武三四千年，其世道人心，遠不能與古相比。然由知六道輪迴，隨業升沉，天獄迭遷，人畜互變之故，雖剛強難化，了無信心之鉅惡元凶，其心亦被此法折伏，縱草菅人命，心猶隱伏一懼因畏果影子，遂不至十分暴惡。如列國諸侯，以所愛之臣妾及與百姓，殺而殉葬，動至數十數百而不以為非，反以為榮者，不猶此善於彼乎？夫文王澤及枯骨，不數百年而殺人殉葬之風遍於天下。雖老莊孔孟齊出，尚不能挽其頹風。自佛法東來之後，生死輪迴，因果報應之理，大明於世。勿論諸侯，即南面稱朕，亦不敢行。縱有行者，亦斷不敢以多為榮也。倘無此法，唯以正心誠意之說，令其推忠恕而篤胞與，息殉葬而全民生，吾恐勸之者徒勞，行之者益熾也。而況後儒唯知治道，不了自心，欲排佛法，強立門庭，皆謂一死永滅，無復後世。若非如來生死輪迴、因果報應之理，浹洽人心，則後世人民，其得正命而善終者，蓋亦鮮矣！斯蓋佛法中最極淺近之法，尚可勝殘去殺，而況至極深遠之圓頓大法，其世智凡情，又何能測度其利益於萬一也耶？

四

眾生者，未悟之佛；佛者，已悟之眾生；其心性本體平等一如，無二無別。其苦樂受用，天地懸殊者，由稱性順修，背性逆修之所致也。其理甚深，不易宣說，欲不費詞，姑以喻明。

諸佛致極修德，徹證性德，譬如大圓寶鏡，其體是銅，知有光明，日事揩磨；施功不已，塵盡光發。高臺卓豎，有形斯暎；大而天地，小而塵毛，森羅萬象，炳然齊現。正當萬象齊現之時，而復空洞虛豁，了無一物。諸佛之心，亦復如是。斷盡煩惱惑業，圓彰智慧德相。盡來際以安住寂光，常享法樂；度九界以出離生死，同證涅槃。眾生全迷性德，豪無修德；譬如寶鏡蒙塵，不但毫無光明，即銅體亦被鏽遮，而不復現。眾生之心，亦復如是。若知即此銅體不現之廢鏡，具有照天照地之光明，從茲不肯廢棄，日事揩磨，初則略露銅質，次則漸發光明。倘能極力盡磨，一旦塵垢淨盡，自然遇形斯暎，照天照地矣。然此光明，鏡本自具，非從外來，非從磨得，然不磨則亦無由而得也。眾生背塵合覺，返妄歸真，亦復如是。漸斷煩惑，漸增智慧，迨至功圓行滿，則斷無可斷，證無可證，圓滿菩提，歸無所得。神通智慧，功德相好，與彼十方三世一切諸佛了無異致。然雖如是，但復本有，別無所得。若唯任性德，不起修德，則盡未來際，當受生死輪迴之苦，永無復本還元之日矣。

吾輩既為佛子，當行佛行。縱不能豁破無明，頓復性體，以直趣妙覺果海，豈可不圓發三心，篤修淨業；以期斷煩惑於此身，託心識於蓮邦，為彌陀之弟子，作大士之良朋，安住寂滅，游泳佛國，上求佛道，下化眾生乎？倘不自奮勉，高推聖境，自處凡愚，畏半生修持之勤勞，甘永劫沉淪之酸楚，迷衣珠而弗珍，登寶山而空歸，以具無量功德智慧神通相好之妙真如性，枉受無量生死輪迴煩惱業果之幻妄極苦，豈非喪心病狂，惡升樂墜，生作行內走屍，死與草木同腐，三世諸佛稱為可憐愍者！凡我同倫，各宜努力。

《正覺雜誌》第六期 一九三〇年十二月十六日

為在家弟子略說三歸五戒十善義

悲哉眾生！從無始來，輪迴六道，流轉四生，無救無歸，無依無託，若失父之孤子，猶喪家之窮人。總由煩惱惡業，感斯生死苦果，盲無慧目，不能自出。大覺世尊愍而哀之，示生世間，為其說法，令度三歸，為翻邪歸正之本；令持五戒，為斷惡修善之緣，令行十善，為清淨身口意三業之根。從茲諸惡莫作，眾善奉行，三業既淨，然後可以遵修道品，令其背塵合覺，轉凡成聖。斷貪瞋癡煩惱之根本，成戒定慧菩提之大道。故為說四諦、十二因緣、六度、三十七助道品等無量法門。又欲令速出生死，頓成佛道，故為說念佛求生淨土法門；使其不費多力，即生成辦。噫！世尊之恩，可謂極矣。雖父母不足譬，天地不足喻矣。不慧受恩實深，報恩無由。

今汝等謬聽人言，不遠數千里來，欲以我為師。然我自揣無德，再四推卻，汝等猶不應允。今不得已，將如來出世說法度生之意，略與汝等言之。並將三歸、五戒、十善，及淨土法門，略釋其義，使汝等有所取法，有所遵守。其四諦，乃至三十七助道品等，非汝等智力所知，故略而不書。汝等若能依教奉行，便是以佛為師，何況不慧！若不依教奉行，則尚負不慧之恩，何況佛恩！

三歸者（歸，亦作皈。皈字從白從反，取其反染成淨之義。）

一歸依佛，二歸依法，三歸依僧。

歸者，歸投；依者，依託。如人墮海，忽有船來，即便趣向，是歸投義；上船安坐，是依託義。生死為海，三寶為船，眾生歸依，即登彼岸。既歸依佛，以佛為師；從今日起，乃至命終，不得歸依天魔外道，邪鬼邪神。既歸依法，以法為師；從今日起，乃至命終，不得歸依外道典籍（法即佛經，及修行種種法門，典籍即經書也）。既皈依僧，以僧為師；從於今日至命終時，不得皈依外道徒眾。

五戒者

一不殺生，二不偷盜，三不邪淫，四不妄語，五不飲酒。

好生惡死，物我同感。我既愛生，物豈願死？由是思之，生可殺乎？一切眾生輪迴六道，隨善惡業升降超沉。我與彼等，於多劫中互為父母，互為子女，當思拯拔，何忍殺乎？一切眾生皆有佛性，於未來世皆當成佛。我若墜落，尚望拔濟。又既造殺業，必墮惡道，酬償宿債，展轉互殺，無有了期。由是思之，何敢殺乎？然殺生之由，起於食肉。若知如上所說因緣，自不敢食肉矣。又愚人謂肉為美，不知本是精血所成。內盛屎尿，外雜糞穢。腥臊臭穢，美從何來？常作不淨觀，食之當發嘔矣。又生謂人及禽獸，蛆蟲魚蝦，蚊蝱蚤蝨，凡有命者皆是。不可謂大者不可殺，小者可殺也。佛經廣說戒殺放生功德利益，俗人不能得讀。當觀安士先生「萬善先資」，可念知其梗概矣。

不偷盜者，即是見得思義，不與不取也。此事知廉恥者便能不犯。然細論之，非大聖大賢者所難免。何也？以公濟私，剋人益己，以勢取財，用計謀物，忌人富貴，願人貧賤，陽取為善之名，遇諸善事，心不認真；如設義學，不擇嚴師，誤人子弟；施醫藥，不辨真假，誤人性命；凡見急難，漠不速救，緩慢浮游，或致誤事；但取塞責了事，糜費他人錢財，於自心中不關緊要。如斯之類，皆名偷盜。以汝等身居善堂，故摘其利弊而略言之。

不邪淫者，俗人男女居室，生男育女，上關風化，下關祭祀，夫婦行淫，非其所禁。但當相敬如賓，為承宗祀，不可以為快樂，徇私忘身。雖是己妻，貪樂亦犯，但其罪輕微。若非己妻，苟合交通，即名邪淫，其罪極重。行邪淫者，是以人身行畜生事，報終命盡，先墮地獄餓鬼，後生畜生道中，千萬億劫不能出離。一切眾生從淫欲生，所以此戒難持易犯，縱是賢達，或時失足，何況愚人？若立志修持，須先明利害及對治方法，則如見毒蛇，如遇怨賊，恐畏怖懼，欲心自息矣。對治方法，廣載佛經，俗人無緣觀覽。當看安士先生《欲海回狂》，可以知其梗概矣（利，謂不犯之利。害，謂犯之禍害）。

不妄語者，言而有信，不虛妄發也。若見言不見，不見言見，以虛為實，以有為無等，凡是心口不相應，欲欺哄於人者皆是。又若自未斷惑，謂為斷惑；自未得道，謂為得道；名大妄語，其罪極重，命終之後，決定直墮阿鼻地獄，永無出期。今之修行而不知佛法教理者，比比皆是。當痛戒之，切要切要！以上四事，不論出家在家，受戒不受戒，犯之皆有罪過。以體性是惡故也。然不受戒人，一層罪過；受戒之人，兩層罪過。於作惡事罪上，又加一犯戒罪故。若持而不犯，功德無量無邊。切須勉之。

不飲酒者，酒能迷亂人心，壞智慧種。飲之令人顛倒昏狂，妄作非為，故佛制而斷之。凡修行者皆不許飲。並及葱韭薤（音械，小蒜也）。蒜五種葷菜，氣味臭穢，體不清潔，熟食發淫，生噉增恚，凡修行人皆不許食。然此小事，未受戒者，飲之食之，皆無罪過；受戒飲食，一層罪過。即是犯佛戒罪。佛已禁制，汝又去犯，故有罪也（五葷菜，西域有五，此方但四）。

十善者

一不殺生，二不偷盜，三不邪淫，四不妄語，五不綺語，六不兩舌，七不惡口，八不慳貪，九不瞋恚，十不邪見。

此中前三名身業，中四名口業，後三名意業。業者，事也。若持而不犯，則為十善；若犯而不持，則為十惡。十惡分上中下，感地獄、餓鬼、畜生三惡道身；十善分上中下，感天、人、阿修羅三善道身。善因感善果，惡因感惡果，決定無疑，絲毫不錯也。殺盜淫妄，已於五戒中說。

綺語者，謂無益浮詞，華妙綺麗，談說淫欲，導人邪念等。兩舌者，謂向彼說此，向此說彼，挑唆是非，鬬構兩頭等。惡口者，謂言語麤惡，如刀如劍，發人隱惡，不避忌諱。又傷人父母，名大惡口；將來當受畜生果報。既受佛戒，切莫犯此。

慳貪者，自己之財不肯施人，名之為慳；他人之財但欲歸我，名之為貪。瞋恚者，恨怒也。見人有得，愁憂憤怒；見人有失，悅樂慶快。及逞勢逞氣，欺侮人物等。邪見者，不信為善得福，作惡得罪，言無因果，無有後世，輕侮聖言，毀佛經教等。

然此十善，總該一切，若能遵行，無惡不斷，無善不修。恐汝等不能體察，今略舉其一二。當孝順父母，無違無逆，委曲宛轉，勸令入道，斷葷吃素，持戒念佛，求生西方，了脫生死。父母若信，善莫大焉。如決不依從，亦勿強逼，以失孝道。但於佛前，代父母懺悔罪過，斯可矣。於兄弟則盡友；於夫婦則盡敬；於子女則極方教訓，使其為良為善，切勿任意嬌慣，致成匪類；於鄰里鄉黨，當和睦忍讓，為說善惡因果，使其改過遷善；於朋友則盡信；於僕使當慈愛；於公事則盡心竭力，同於私事。凡見親識，遇父言慈，遇子言孝。若做生意，當以本求利，不可以假貨哄騙於人。若以此風化其一鄉一邑，便能消禍亂於未萌，致刑罰於無用。可謂在野盡忠，居家為政矣。

《佛化週刊》第八十七期、八十八期 一九二九年一月十三日、二十日

示淨土法門及對治瞋恚等義

如來出世，原為令諸眾生斷惑證真，了生脫死，直下成佛而已。但以眾生根性不等，以故如來曲順機宜，為說一切大小權實，偏圓頓漸等法。法雖種種不一，皆為成熟眾生善根，令其究竟成佛耳。然斷惑證真，了生脫死，豈易言哉！若非宿種今熟，及法身示現二種人，縱有修持，亦非即生，即一生二生所能頓了；根機鈍者，則久經長劫，尚難了脫，以其唯仗自力故也。如來憫念眾生自力了脫之難，于是特開一信願念佛，求生西方極樂世界之淨土法門。但具真信切願，持佛名號，雖五逆十惡，將墮阿鼻地獄之極重罪人尚得往生，況諸惡莫作，眾善奉行之善人乎？況受持三歸，具足眾戒之佛弟子乎？

淨土法門，三根普被，正接上上根器，旁引中下之流。愚人每每闢為淺近小乘，總因未閱大乘經論，未親具眼通人，以己顛倒執著之心，測度如來原始要終之道，如盲睹日，如聾聽雷，彼固不見不聞，宜其妄相評論也。須知信願念佛一法，乃如來普度眾生，徹底悲心之所宣說。唯觀音、勢至、文殊、普賢等菩薩能究竟擔荷。彼見愚夫愚婦皆能念佛，便目之為淺近小乘，是何異見小星懸空而小天，小蟲行陸而小地耶？若于此法能生信向，即是多劫深種善根；若能以深信願持佛名號，都攝六根，淨念相繼，則即凡夫心成如來藏。如染香人，身有香氣；

現在與佛氣分相接，臨終有不感應道交，蒙佛接引者乎？其攝心念佛，並隨分修持隨緣化導等法，及禪宗淨宗之所以然，佛力自力之大小難易，詳示《印光文鈔》中，祈息心詳閱，則自知之，此不備書。

修行之要，在于對治煩惱習氣；習氣少一分，即工夫進一分。有修行愈力，習氣愈發者，乃只知依事相修持，不知反照回光，克除己心中之妄情所致也。當于平時預為提防，則遇境逢緣自可不發。倘平時識得我此身心全屬幻妄，求一我之實體實性了不可得，既無有我，何有因境因人而生煩惱之事？此乃根本上最切要之解決方法也。如不能諦了我空，當依如來所示五停心觀而為對治（五停心者，以此五法調停其心，令心安住，不隨境轉也）。所謂多貪眾生不淨觀，多瞋眾生慈悲觀，多散眾生數息觀，愚癡眾生因緣觀，多障眾生念佛觀。

貪者，見境而心起愛樂之謂。欲界眾生皆由淫欲而生，淫欲由愛而生。若能將自身他身，從外至內一一諦觀，則但見垢汗涕唾、髮毛爪齒、骨肉膿血、大小便利，臭同死屍，汙如圊廁，誰于此物而生貪愛？貪愛既息，則心地清淨，以清淨心念佛名號，如甘受和，即白受采，以因地心，契果地覺，事半功倍，利益難思。

瞋者，見境而心起忿憎之謂。富貴之人每多瞋恚。以諸凡如意，需使有人，稍一違忤，即生瞋怒。輕則惡言横加，重則鞭杖直撲，唯取自己快意，不顧他人傷心。又瞋心一起，于人無益，于己有損。輕亦心意煩燥，重則肝目受傷。須令心中常有一團太和元氣，則疾病消滅，福壽增崇矣。昔阿耆達王，一生奉佛，堅持五戒。臨終因侍人持佛驅蠅，久之昏倦，致拂墮其面，心生瞋恨，隨即命終，因此一念，遂受蟒身。以宿福力，尚知其因，乃求沙門為說歸戒，即脫蟒身，生于天上。是知瞋習，其害最大。《華嚴經》云：「一念瞋心起，百萬障門開。」古德云：「瞋是心中火，能燒功德林。欲學菩提道，忍辱護瞋心。」如來令多瞋眾生作慈悲觀者，以一切眾生皆是過去父母，未來諸佛。既是過去父母；則當念宿世生育恩德，愧莫能酬，豈以小不如意，便懷憤怒乎？既是未來諸佛，當必廣度眾生，倘我生死不了，尚望彼來度脫，豈但小不如意，不生瞋恚。即喪身失命？亦只生歡喜，不生瞋恨。所以菩薩捨頭目髓腦時，皆于求者作善知識想，作恩人想，作成就我無上菩提道想；觀〈華嚴十回向品〉自知。又吾人一念心性與佛無二，只因迷背本心，堅執我見，則一切諸緣皆為對待，即射侯既立，則眾矢咸集矣。倘能知我心原是佛心，佛心空無所有，猶如虛空，森羅萬象，無不包括；亦如大海，百川眾流，無不納受。如天普蓋，似地均擎，不以蓋擎自為其德；我若因小拂逆便生瞋恚，豈非自小其量，自喪其德，雖具佛心理體，其起心動念全屬凡情用事，認妄為真，將奴作主？如是思之，甚可慚愧。若于平時常作是想，則心量廣大，無所不容，物我同觀，不見彼此。逆來尚能順受，況小不如意，便生瞋恚乎哉？

愚癡者，非謂全無知識也，乃指世人于善惡境緣，不知皆是宿業所招，現行所感，妄謂無有因果報應，及前生後世等。一切眾生無有慧目，不是執斷，便走執常。執斷者，謂人受父母之氣而生，未生之前未無有物，及其已死，則形既朽滅，魂亦飄散，有何前生及與後世？此方拘墟之儒多作此說。執常者，謂人常為人，畜常為畜，不知業由心造，形隨心轉。古有極毒之人，現身變蛇；極暴之人，現身變虎，當其業力猛厲，尚能變其形體，況死後生前，識隨業牽之轉變乎？是以佛說十二因緣，乃貫三世而論，前因必感後果，後果必有前因，善惡之報，禍福之臨，乃屬自作自受，非自天降；天不過因其所為而主耳。生死循環，無有窮極，欲復本心以了生死者，捨信願念佛，求生西方，不可得也。貪瞋癡三，為生死根本；信願行三，為了生死妙法。欲捨彼三，須修此三，此三得力，彼三自滅矣。

數息一觀，可不必用。以當念佛時，攝耳諦聽，其攝心與數息相似，其力用與數息天殊也。念佛一觀，但看《印光文鈔》，及《淨土著述》自知。

問：「若如所云，即喪身失命，亦只生歡喜，不生瞋恨。設有惡人欲來害己，將不與計較，任彼殺戮乎？」答：「凡修行人，有凡夫人，有已證法身之菩薩人。又有以維持世道為主者，有以唯了自心為主者。若唯了自心，及已證法身之菩薩，則如所云；以物我同觀，生死一如故也。若凡夫人，又欲維持世道，則居心固當如菩薩深慈大悲，無所不容；處事猶須依世間常理，或行捍禦而攝伏之，或以仁慈而感化之。事非一概，其心斷斷不可有毒恚而結怨恨耳。」

前文所示，乃令人設此假想，以消滅瞋恚習氣。此觀若熟，瞋習自滅，縱遇實能害身之境，亦能心地坦然，作大布施，仗此功德，即生淨土，校彼互相殺戮、長劫償報者，豈不天地懸隔耶？

《佛化週刊》第九十四期一九二九年三月三日

臨終三大要

世間最可慘者，莫甚於死；而且舉世之人，無一能倖免者。以故有心欲自利利人者，不可不早為之計慮也。實則死之一字原是假名，以宿生所感一期之報盡，故捨此身軀復受別種身軀耳。不知佛法者，直是無法可設，只可任彼隨業流轉；今既得聞如來普渡眾生之淨土法門，固當信願念佛，預備往生資糧，以期免生死輪迴之幻苦，證涅槃常住之真樂。其有父母兄弟及諸眷屬，若得重病勢難痊癒者，宜發孝順慈悲之心，勸彼念佛求生西方，並為助念，俾病者由此死已即生淨土。其為利益，何能名焉？

今列三要，以為成就臨終人往生之據。語雖鄙俚，意本佛經，遇此因緣，悉舉行焉。言三要者：第一、善巧開導安慰，令生正信。第二、大家換班念佛，以助淨念。第三、切戒搬動哭泣，以防誤事。果能依此三法以行，決定可以消除宿業，增陏淨因，蒙佛接引，往生西方。一得往生，則超凡入聖，了生脫死；漸漸進修，必至圓成佛果而後已。如此利益，全仗眷屬助念之力；能如是行，於父母則為真孝；於兄弟姊妹則為真弟，於兒女則為真慈；於朋友、於平人，則為真義真惠。以此培自己之淨因，啟同人之信嚮，久而久之，何難相習成風乎哉？今為二條陳，庶不至臨時無所適從耳。

第一、善巧開導安慰，令生正信者：切勸病人放下一切，一心念佛。如有應交待事，速令交待；交待後，便置之度外，即作我今將隨佛往生佛國，世間所有富樂眷屬種種塵境皆為障礙，致受禍害，以故不應生一念繫戀之心。須知自己一念真性本無有死，所言死者，乃捨此身而又受別種之身耳。若不念佛，則隨善惡業力，復受生於善惡道中（善道，即人、天；惡道，即畜生、餓鬼、地獄。修羅則亦名善道，亦名惡道，以彼修因感果，均皆善惡夾雜故也）。若當臨命終時，一心念南無阿彌陀佛；以此志誠念佛之心，必定感佛大發慈悲，親垂接引，令得往生。且莫疑我係業力凡夫，何能以少時念佛便可出離生死，往生西方？當知佛大慈悲，即十惡五逆之極重罪人，臨終地獄之相已現；若有善知識教以念佛，或念十聲，或止一聲，亦得蒙佛接引，往生西方。此種人念此幾句，尚得往生；又何得以業力重，念佛數少而生疑乎？須知吾人本具真性，與佛無二，但以惑業深重，不得受用。今既歸命於佛，如子就父，乃是還我本有家鄉，豈是分外之事？又佛昔發願：「若有眾生聞我名號，志心信樂，乃至十念，若不生者，不取正覺。」以故一切眾生臨終發志誠心，念佛求生西方者，無一不垂慈接引也。千萬不可懷疑，懷疑即是自誤，其禍非小。況離此苦世界，生彼樂世界，是至極快意之事，當生歡喜心，千萬不可怕死，怕死則仍不能不死。反致了無生西之分矣。以自心與佛相違反故，佛雖具大慈悲，亦無奈不依佛教之眾生何！阿彌陀佛萬德洪名，如大冶洪鑪；吾人多生罪業，如空中片雪。業力凡夫由念佛故，業便消滅；如片雪近於洪鑪，即便了不可得。又況業力既消，所有善根自然增長殊勝，又何可疑其不得生，與佛不來接引乎？如此委曲宛轉開導安慰，病人自可生正信心，此係為病人所開導者。至於自己所應盡孝致誠者，亦唯在此；切不可隨順俗情，求神問醫。大命將盡，鬼神醫藥豈能令其不死乎？既役情於此種無益之事，則於念佛一事便紛其誠懇，而莫由感通矣！許多人於父母臨終，不惜資財請許多醫生來看，此名賣孝；欲世人稱我於父母為能盡孝，不知其天地鬼神實鑑其心。故凡於父母喪葬等事過於張羅者，不有天災，必有人禍。為人子者，宜注重於親之神識得所，彼世俗所稱頌，固不值明眼人一哂，況極意邀求，以實罹不孝之大咎乎？

第二、大家換班念佛，以助淨念者：前已開導病人，令生正信，然彼病人心力孱弱，勿道平素絕不念佛之人不易相繼長念，即向來以念佛為事者，至此亦全仗他人相助，方能得力。以故家中眷屬同應發孝順慈悲之心，為其助念佛號。若病尚未至將終，當分班念；應分三班，每班限定幾人。頭班出聲念，二三班默持；念一點鐘，二班接念，頭班三班默持。若有小事，當於默持時辦。值班時斷斷不可走去。二班念畢，三班接念，終而復始。念一點鐘，歇兩點鐘，縱經晝夜，亦不甚辛苦。須知肯助人淨念往生，亦得人助念之報。且莫說是為父母盡孝應如是，即為平人，亦培自己福田，長自己善根，實為自利之道，不徒為人而已。成就一人往生淨土，即是成就一眾生作佛；此等功德，何可思議！三班相續，佛聲不斷，病人力能念，則隨之小聲念；不能念，則攝耳諦聽，心無二念，自可與佛相應矣！念佛聲不可太高，高則傷氣，難以持久。亦不可太低，以致病人聽不明白。不可太快，亦不可太慢，太快則病人不能隨，即聽亦難明了；太慢則氣接不上，亦難得益。須不高不低，不緩不急，字字分明，句句清楚，令病者字字句句，入耳經心，斯易得力。念佛法器唯用引磬，其他一切概不宜用。引磬聲清，聽之令人心地清淨。木魚聲濁，故不宜用於臨終助念。又宜念四字佛號。初起時，念幾句六字，以後專念阿彌陀佛四字，不念南無，以字少易念，病人或隨之念，或攝心聽，皆省心力。家中眷屬如此念，外請善友亦如此念，人多人少均如此念。不可一起念，歇歇又念，致令病人佛念間斷。若值飯時，當換班吃，勿斷佛聲。若病人將欲斷氣，宜三班同念，直至氣斷以後，又復分班念三點鐘，然後歇氣，以便料理安置等事。當念佛時，不得令親友來病人前問訊諭慰，既感情來看，當隨念佛若干時，是為真實情愛，有益於病人；若用世間俗情，真是推人下海，其情雖可感，其事甚可痛。全在主事者明道理，預令人說之，免致有礙面情，及貽害病人，由分心而不得往生耳。

第三、切戒搬動哭泣，以防誤事者：病人將終之時，正是凡聖人鬼分判之際，一髮千鈞，要緊之極。只可以佛號開導彼之神識，斷斷不可洗澡換衣，或移寢處。任彼如何坐臥，只可順彼之勢，不可稍有移動。亦不可對之生悲感相，或至哭泣。以此時身不由此，一動則手足身體均受拗折扭捩之痛，痛則瞋心生，而佛念息；隨瞋心去，多墮毒類，可怖之至。若見悲痛哭泣，則情愛心生，佛念便息矣；隨情愛心去，以致生生世世，不得解脫。此時所最得益者，莫過於一心念佛；所最貽害者，莫過於妄動哭泣。若或妄動哭泣，致生瞋恨及情愛心，則欲生西方，萬無有一矣。又人之將死，熱氣自下至上者，為超生相；自上至下者，為墮落相。故有頂聖，眼天生，人心、餓鬼腹，畜生膝蓋離，地獄腳板出之說。然果大家至誠助念，自可直下往生西方，切不可屢屢探之，以致神識未離，因此或有刺激，心生煩痛，致不得往生。此之罪過，實為無量無邊；願諸親友各各懇切念佛，不須探彼熱氣後冷於何處也！為人子者於此留心，乃為真孝，若依世間種種俗情，即是不惜推親以下苦海，為邀一般無知談識者，群相稱讚其能盡孝也；此孝與羅剎女之愛正同。經云：「羅剎女食人，曰：『我愛汝，故食汝。』彼無知之人之行孝也，令親失樂而得苦，豈不與羅剎女之愛人相同乎？」吾作此語，非不近人情，欲人各於實際上講求，必期亡者往生，存者得福，以遂孝子賢孫親愛之一片血誠，不覺其言之有似激烈也。真愛親者，必能諒之！

頂聖、眼天生等者，謂人氣已斷，通身冷透，唯頭頂獨熱者，則必超凡入聖，了生脫死也。眼天生者，若眼及額顱處獨熱，則生天道；心處獨熱，則生人道；肚腹獨熱，則生餓鬼道；膝蓋獨熱，則生畜生道；腳板獨熱，則生地獄道。此由人在生時所造善惡二業，至此感現如是，非可以勢力假為也。是時若病人能志誠念佛，再加眷屬善友助念之力，決定可以帶業往生，超凡入聖耳，不須專事探試徵驗，以致誤事也。至囑！至禱！

家庭教育為天下太平之根本發隱

世亂極矣！人各望治，不知其本，望亦徒勞。其本所在，急宜知之。家庭母教，乃是賢才蔚起，天下太平之根本。不於此講求，治何可得乎？

母教第一是胎教，胎教乃教於稟質之初。凡女人受孕之後，務必居心動念行事，唯誠唯謹，一舉一動不失於正。尤宜永斷腥葷，日常念佛，令胎兒稟受母之正氣；則其生時必安樂無苦。所生兒女，必相貌端嚴，性情慈善，天姿聰明。即至初開知識，即為彼說做人之道理，如孝、弟、忠、信、禮、義、廉、恥等；及三世因果之罪福，六道輪迴之轉變，俾彼心中常常有所恐怖，有所冀慕。再令念佛、念觀世音，以期增福增壽，免災免難。不許說謊話，說是非，打人罵人；不許糟踐字紙，糟踐五穀，糟踐一切東西；不許亂吃食物，不許與同里群兒聚戲。稍長，即令熟讀〈太上感應篇〉、〈文昌陰騭文〉、《關帝覺世經》，俾知有所師法，有所禁戒。一一為其略說大意，以為後來讀書受益之前導。幼時如是，愈讀書愈賢善，不患不到聖賢地位，光宗耀祖也。否則任性憍慣，養成敗類；縱有天姿，亦不如讀書為學聖賢，則讀的書愈多愈壞。古今大奸大惡之人，皆是有好天姿大作用之人。只因伊父母、先生均不知教學聖賢，躬行實踐；止令學文字，為應世謀利祿之據，其智識之下劣已到極底，以馴至於演出廢經廢倫、爭城爭地、互相殘殺之惡劇。此種禍亂，皆彼父母、先生不知教子弟之道所致。自己縱無大惡，而壞亂世道人心之罪，當與彼子弟同受惡報於永劫矣！

吾故曰，教子為天下太平之根本，而教女為尤要。以人之幼時專賴母教，父不能常在家內，母則常不離子；母若賢慧，則所行所言皆足為法；見聞已熟，心中已有成規。再加以常常訓誨，則習已成性，如鎔金鑄器，模型若好，器絕不會不好，以故教女比教子尤為緊要也。以賢母出賢女而來，若無賢女，何由而有賢母？無賢母，又何由而得賢子女哉！此種極平常之道理，人人皆能為之。所痛惜者，絕少提倡之人。俾為母者，唯知溺愛，為父者亦無善教。及至入塾讀書，為師者亦由幼時未聞此義，故亦絕不知讀書為學聖賢，不教生徒躬行實踐聖賢所說之道，但只學其文字，以為謀利祿計，而不知學聖賢有莫大之利益，自己與子孫，生生世世受用不盡。謀利祿，謀之善，不過現生得小富貴而已。謀之不善，現生身敗名裂，子夭孫絕者，比比皆是。

人與天地共稱三才者，以有以先覺覺後覺，繼往聖，開來學之功能，故得此尊稱。若不以學聖賢為事，則是行肉走屍，唯知飲食男女之樂，則與禽獸何異？人之一字，尚是冒名，況與天地共稱三才乎？然人性本善，人皆可以為堯舜，人皆可以作佛；而不能為堯舜，不能作佛者，只有性德，無有克己復禮、閑邪存誠及修戒定慧、斷貪瞋癡之修德耳。此之修德，最初由賢父母師長而啟發之，繼則自己孜孜矻矻，努力修持，雖未能即到堯舜與佛之地位，其去下愚之人，日在人欲中埋沒者，已天淵懸殊矣！「書」云：「惟聖罔念作狂，惟狂克念作聖。」經云：「迷則佛即眾生，悟則眾生即佛。」幸其為堯舜作佛之機在我，有血性漢子豈肯以此性德任人欲所錮蔽，永為沉淪苦海之下眾生乎？願世之為父母、為師長、為兒女生徒者，各個勉之，則吾國幸甚！全球幸甚！

《無錫佛教淨業社年刊》第二、三期

開示

上海護國息災法會法語

佛教日報鄧慧載記錄

第一日說吃素念佛護國息災根本

印光本一無知無識之粥飯僧，祇會念幾句佛。雖虛度光陰七十餘年，而於佛法，絕無徹底之研究。此次既以護國息災法會諸君之邀請參加，情不可卻，且事關國家福利，亦屬應盡之責。遂不辭簡陋，來預此會。但今天所講者，並無高深之理論，祇述護國息災之根本方法。至於此次法會之要義，待明日再講。

此次法會之目的，為護國息災，但何以方能達此種目的？余以為根本方法在於念佛。蓋殺劫，及一切災難，皆為眾生惡業所感。人人念佛，則此業可轉。如只有少數人念佛，亦可減輕。念佛法門，雖為求生淨土，了脫生死而設，然其消除業障之力，實亦極其鉅大也。而真正念佛之人，必先要敦倫盡分，開邪存誠，諸惡莫作，眾善奉行。尤須明白因果，自行化他。今日之非聖非孝，蔑道廢倫，殺父公妻等等邪說，皆是宋儒破斥因果輪迴，以致生此惡果。如人人能明白因果道理，則斷無人敢倡此謬說也。世間一成不變之好人少，一成不變之壞人亦少，大多皆是可上可下，可好可壞，所以教化最為緊要。孔子曰：「唯上智與下愚不移。」祇要加以教化，無不可以使之改惡歸善，放下屠刀，立地成佛，唯在人之信念而力行耳。

今日中國社會之所以如是紊亂者，皆無教化之故也。但教化須在幼小時起，所謂教婦初來，教兒嬰孩。若小時不教，大則難以為力矣。何則？習性已成，無法使之改易也。故念佛之人，須注意教育其子女，使為女人，存好心，說好話，做好事。果能人人如是，則災難自清，而國亦常蒙擁護矣。

念佛法門，根本妙諦，在淨土三經。而《華嚴經》中〈普賢行願品〉所示，尤為根本不可缺乏之行願。蓋善財以十信滿心，參德雲比丘，即教以念佛法門，得入初住，分證法身。從此歷參五十餘員知識，隨聞隨證，自二住以至十地，歷四十位；最後於普賢菩薩處，蒙其開示加被威神之力，所證與普賢寺，與諸佛等，即是等覺菩薩。然後普賢菩薩，以十大願王導歸極樂，勸進善財及華藏海眾，一致進行，求生西方極樂世界，以期圓滿佛果。故知念佛法門，始自凡夫，亦可得入；終至等覺，亦不能超出其外。實為十方三世一切諸佛，上成佛道，下化眾生，成始成終之總持法門。故得九界同歸，十方共讚，千經俱闡，萬論均宣也。

凡學佛之人，更有應注意之事，即切戒食葷，因食葷能增殺機。人與一切動物生於天地之間，心性原是相等，但以惡業因緣，致形體上大相殊異耳。若今世汝吃他，來世他吃汝，怨怨相報，則世世殺機無已時矣。若能人人茹素，則可培養其慈悲心，而免殺機。否則縱能念佛，而尚圖口腹之樂，大食葷腥，亦未能得學佛之真利益也。

再者，今人好言禪淨雙修，究則所謂雙修者，乃看念佛的是誰。此仍重在參究，與淨土宗生信發願求往生，迥然兩事。又禪宗所謂明心見性，見性成佛，係指親見當人即心本具之佛性而言。密宗所謂即身成佛，蓋以即身了生死為成佛。若遽認以為成萬德具足，福慧圓滿之佛，則大錯大錯。蓋禪家之見性成佛，乃是大徹大悟地位，若能斷盡三界內之見思二惑，方可了生脫死。密宗之即身成佛，不過初到了生死地位。此在小乘，則阿羅漢亦了生死。而圓教初信斷見惑，七信斷思惑，即已了生死。七信與阿羅漢，了生死雖同，其神通道力則大相懸殊。八九十信，破塵沙惑，至十信後心，破一品無明，證一品三德祕藏而入初住，是為法身大士。歷十住、十行、十迴向、十地、等覺、四十一位，方入佛位。其歷程尚有如此之遠，非一蹴即可驟至也。修淨土者，既生西方，即了生死，亦是即身成佛，但淨宗不作此僭分說耳。而與禪宗之純仗自力，較具難易，實為天壤之別。尚望預會諸君，三復斯旨。（第一日止此）

第二日說因果報應及家庭教育

昨日講淨土法門，今日講護國息災法會之意義。所謂護國息災云者，是國如何護？災如何息？因是欲達此項目的，有二種辦法：一者臨時，二者平時。如能平時茹素念佛，以求護國息災，固有無限之功德。即臨時虔敬而求護息，亦有相當之效力，不過仍以平素大家護息為好。蓋平素大家茹素念佛，願力相接，則邪氣消而正氣長，人人存好心，說好話，做好事，國家得護而災殃自消矣。古書有云：「聖人不治已病治未病，不治已亂治未亂。」蓋已亂之治易曉，未亂之治難明。夫治國亦如治病，有治標者，有治本者。治病者是已亂之治，若求其速效，所謂頭痛醫頭，腿痛醫腿，治其標也。其標既癒，然後再治其本，俾氣血周流，營衛舒暢。本既痊癒，則精神振起，方能奮發有為。現者國家危難，已至千鈞一髮之際，余以為今日治國，須標本兼治。兼治之法，最莫善於念佛吃素，戒殺放生，而深明乎三世因果之理。現在世界之劫運，吾人所受種種災難，皆是過去惡業所招，以致感受現在苦果。故知此惡業者，即過去惡因之所造成也。欲免苦果，須去苦困。過去已種之苦因，念佛懺悔乃能消去。現在如不再種苦因，將來即能免受苦果。何謂苦因？貪瞋癡三毒是也。何謂善因？濟物利人是也。若人人明達因果之理，則諸惡莫作，眾善奉行，災害自無從起矣。唯今人不明因果之理，私欲填胸，無惡不作，祇知自己，不知有人。詎知利人即是利己，害人甚於害己！故余平素常言，因果者，聖人治天下，如來度眾生之大本也。捨因果而談治國平天下，何異緣木而求魚，吾未見其能有得也。佛言：「欲知前世因，今生受者是，欲知來世果，今生作者是。」如今生所作所為皆是惡事，來世定得惡果；如今生所作所為皆是善事，來世定得善果。「易」曰：「積善之家必有餘慶，積不善之家必有餘殃。」「書」曰：「作善，降之百祥；作不善，降之百殃。」其理與吾佛所講因果正同。所謂餘者，乃正報之餘，非正報也。本人來生後世所享受者，乃所謂本慶本殃也。餘報乃在其子孫，餘慶餘殃，皆其祖父所積而成者也。

世人不知因果，常謂人死後則告了脫，無善惡果報，此為最誤天下後世之邪見。須知人死之後，神識不滅。如人人能知神識不滅，則樂於為善。若不知神識不滅，則任意縱欲，共產共妻，殺父殺母，種種罪惡由此而生。此種極惡逆之作為，皆斷滅邪見所致之結果。人人能諸惡莫作，眾善奉行，則天下太平，人民安樂。然此尚非究竟法。何為究竟法？是在念佛求生西方，了生脫死。並須敦倫盡分，閑邪存誠，則國運可轉，災難可消。蓋今日之災難，皆大家共業所招。如人人念佛行善，則共業可轉，而劫運可消。一二八滬戰時，念佛之人家，得靈感者甚多；彼自己單修，尚得如此靈感，況人人共修者乎？故知國難亦可由眾人虔懇念佛挽回也。又如觀世音菩薩，以三十二應身入諸國土，尋聲救苦。如至誠誦觀音聖號，自能得感應。古今得靈感而見諸載記者甚夥。諸君可自翻閱之。除〈普門品〉中所述外，凡應以何身得度者，即現何身而救度之。應以山河大地、橋梁道路身得度者，即現山河大地、橋梁道路身而救度之。現在之人，發信心者太少，不發信心者太多。若人人發信心，則何災不可消哉？

且人之信心，須在幼小時培養。凡為父母者，在其子女幼小時，即當教以因果報應之理，敦倫盡分之道。若待其長大，則習性已成，無能為力矣，尤重者必在於胎教，孕婦能茹素念佛，行善去惡，目不視惡色，耳不聽惡聲，身不行惡事，口不出惡言，使兒在胎中稟受正氣，則天性精純，生後再加以教化，則無不可成為善人者。昔周太姜、太任、太姒，相夫教子之淑德懿行，故能成周朝八百年之王業。印光常謂治國平天下之權，女人家操得一大半。良以家庭之中，主持家政者，多為女人，男人多持外務。其母若賢，子女在家中耳濡目染，皆受其母之教導，影響所及，其益非鮮。若幼時任性憍慣，俾其自由，絕不以孝弟忠信、因果報應是訓，長大則便能為殺父殺母，共妻共產之魔王眷屬矣。是故子女幼小時，切須養其善心，嚴加約束，要知今日殺人放火，無惡不作之輩，皆從彼父母嬌生慣養而來。以孟子之賢，尚須其母三遷，嚴加管束而成，況平庸者乎？現在大家提倡男女平權，謂為抬高女人的人格。不知男女之身體既不同，而責任亦各異。聖人所謂男正位乎外，女正位乎內。正位乎內者，即實行烹飪紡織，相夫教子之事也。今令女人任男人之事，則女人正位之事荒廢矣。名雖是抬高女人的人格，實則為推倒女人的人格。願女界英賢，各個認清自己的人格所在，則家庭子女皆成賢善，天下豈有不太平之理乎？以治國平天下之要道，在於家庭教育。而家庭教育，母任多半。以在胎稟其氣，生後視其儀，受其教，故成賢善。此不現形跡而致太平之要務，惜各界偉人多未見及。願女界英賢，於此語各注意焉！世俗皆稱婦人曰太太，須知太太二字之意義甚尊大。查太太二字之淵源，遠起周代，以太姜、太任、太姒，皆是女中聖人，皆能相夫教子。太姜生泰伯、仲雍、季歷三聖人。太任生文王。太姒生武王、周公。此祖孫三代女聖人，生祖孫三代數聖人，為千古最盛之治。後世稱女人為太太者，蓋以其人比三太焉。由此觀之，太太為至尊無上之稱呼。女子須有三太之德，方不負此尊稱。甚願現在女英賢，實行相夫教子之事，俾所生子女皆成賢善，庶不負此優美之稱號焉。

其次須認真茹素，人與動物原是同等，何忍殺其性命以充自己口腹？己身微受刀傷，即感痛苦，言念及此，心膽慘裂，何忍殺生而食之？況殺生食肉之人，易起殺機。今世之刀兵災劫，皆由此而來。古語有云：「欲知世上刀兵劫，但聽屠門夜半聲。」世有許多人，雖明佛法道理，而視戒殺茹素為難行。

民國十年，余往南京訪一友，其人請魏海蓀見余，以信佛念佛，而不能吃素告。余令其熟讀文鈔中，南潯極樂寺修放生池疏數十遍，即能吃素矣。以其文先說生佛心性不二，次說歷劫互為父母兄弟妻子眷屬，互生；互為怨家對頭，互殺。次引「梵網」、「楞嚴」、「楞伽」經文為證。熟讀深思，不徒不忍食，且不敢食矣。魏居士未過二月，即絕不食肉矣。又上海黃涵之居士之母，不能食素，且不信食素為學佛要事。黃涵之函詢其法，余令其於佛前朝夕代母懺悔業障，以母子天性相關，果能志誠，必有感應。涵之依之而行，月餘，其母便吃長素矣。時年八十一，日課佛號二萬聲，至九十三歲去世。

余望一切大眾，從今日起，注意戒殺菩素。並勸自己父母子女及親友，共同茹素。要知此亦護國息災之根本方法也。今日余所講者，為護國息災之意義，而實行方法，乃在念佛茹素。諸君幸勿以為淺近而不介意也。（第二日止此）

第三日申述因果原理並以事實證明

前昨兩日，余曾將因果道理，及護國息災的方法，略略敘述，今日本可不必再談因果，但有不得不申述者，擬進一步，將因果之原理，與事實事互證說明，俾大眾知所警惕。

現在世人不曉因果之原理，以為妄談邪說。處處討便宜，不肯吃虧；殊不知便宜即是吃虧，吃虧即是便宜。如今之為父母者，多溺愛其子女，不嚴加約束。致養成其好錢財，好貪便宜，以為可以保守家產，不致損失。豈知適得其反，遺患終生。間接則與國家社會，亦有無限之影響。茲舉一事為例：隋代州趙良相，家資巨萬，有二字，長曰孟，次曰盈，盈強孟弱。其父將終，分家資為二，孟得其上。及良相死，盈盡霸取其兄之產，止與孟園屋一區，孟傭力自活。無何，趙盈死，生孟家為兒，名環。後孟亦死，生盈家，與盈之子為兒，名先。洎長，而孟家益貧，盈家益富，趙環即與趙先作僕使為活。諺云：「天道弗平，盈者益盈。」環一日聞其寡母曰：「趙盈霸汝家產，致汝世貧，今至為其奴，可不恥乎？」環因懷恨，欲殺趙先。開皇初，環從先朝五臺，入峨谷東數十里，深曠無人。環拔刀謂先曰：「汝祖、我父，弟兄也，汝祖霸我產業，致我世貧。今為汝僕，汝其忍乎？吾今殺汝也。」先即疾走，環逐之入林，見草庵，遂入。有老衲曰：「子為何為？」環曰：「吾逐怨也。」老衲大笑曰：「子且勿為，令汝自識之。」各以藥物授之，充茶湯，食已，如夢初醒，忽憶往事，感愧自傷。老衲曰：「盈乃環之前身，霸他之業，是自棄其業也。先乃孟之再來，受其先產，父命猶在耳。」二人棄家從釋修道，後終於彌陀庵。見《清涼山志》。因果報應，彰明顯著，如響應聲，如影隨形，絲毫不爽也。

又如現在流傳五臺山人皮鼓一事，亦是因果最顯明可畏者，為言其詳：唐北臺後黑工寺僧法愛，充監寺二十年。以招提僧物，廣置南原之田，遺厥徒明誨。愛死，即生其家為牛。力能獨耕，僅三十年。牛老且病，莊頭欲以牛從他易油。是夕，明誨夢亡師泣曰：「我用僧物，為汝置田，今為牛，既老且羸，願剝我皮作鼓，書我名字於鼓上，凡禮誦當擊之，我苦庶有脫日矣。不然，南原之阜，變為滄瀛，未應脫免耳。」言訖，舉身自撲。誨覺，方夜半，鳴鐘集眾，具宣其事。明日，莊頭報老牛觸樹死。誨依其言，剝皮作鼓，書名於上。即賣南原之田，得價若干，五臺飯僧。誨復盡傾衣鉢，為亡師禮懺。後送其鼓於五臺山文殊殿，年久鼓壞，寺主以他鼓易之，訛傳以為人皮鼓耳。見《清涼山志》。

蓋因果昭彰，無能或逃。然趙氏二子，夙世種有善根，能邂逅高僧，居然成道。若一般凡庸，焉可自蒙？而且撥無因果，自誤誤人，自害害人。今人皆唯看目前，不顧後世，好占便宜，不願吃虧。其子女耳濡目染，相習成風，而社會風俗亦因之險惡。爭奪以起，大亂以興，殺人盈城盈野，而目不為瞬，心不為顫，無非職是故也。且殺人者，殘忍惡毒，不以為可悲可懼，反自矜其功，而他亦交相讚歎。甚有殺父母，殺兄長者，反自命為大義滅親。噫！禍變至此，天理絕，人道滅，不僅道德喪亡，抑將浩劫相續。故現在欲救護國家，應從根本做起。根本為何？即確信因果是。如洞明因果之理，而又篤信實行，則世道人心自可挽回。

余以為世界之宗教哲學，皆無佛教精奧而易行。今人之不信因果，大多受宋儒之影響。宋代理學，如程明道、伊川、朱晦庵等，由看佛大乘經，略領會全事即理之意致。及親近宗門知識，又會得法法頭頭，不出一心之旨。實未備閱諸經論，及遍參各宗知識，遂竊取佛經之義以自雄，用以發揮儒教之奧。又恐後人看佛經，知彼之所得處，遂昧心闢佛。精妙處不好闢，即在事實上闢。謂佛所說之三世因果，六道輪迴之事理，皆是騙愚夫愚婦奉彼教耳，實無其事。謂人死之後，形既朽滅，神亦飄散，縱有剉斫舂磨，將何所施？又神已散矣，令誰受生？謂由此之故，大開肆無忌憚之端，善無以勸，惡無以懲。謂天即理也，豈真有冕旒而王者哉？謂鬼神為二氣之良能；謂打雷為陰陽之氣擊搏而成聲。將實理實事認作空談，專以正心誠意為治國治民之本，不知正心誠意必由致知格物而來。彼以致知為推極吾之知識，以格物為窮盡天下事物之理。而不知物乃心中私欲，由有私欲，障蔽自心，則本具真知莫由顯現。由格除私欲，則其本具之真知自顯，真知顯，而意誠心正矣。正心誠意，愚夫愚婦一字不識者，亦做得到。若如彼說，推極吾之知識，窮盡天下事物之理，雖聖人亦做不到。故知此處一錯，治世之根本已失。又以無因果輪迴，令人正心誠意；以無有因果，一死永滅，善惡同歸於盡，誰復顧此空名，而正心誠意乎？

又理學家謂有所為而為善即是惡，此語直是破壞世間善法。何以故？蘧伯玉行年二十，而知十九年之非；行年五十，而知四十九年之非，欲寡其過而未能，是有所為耶？無所為耶？孔子以德不修，學不講，聞義不能徙，不善不能改，為憂。年已七十，尚欲天假數年，以期學易而免大過，是有所為耶？無所為耶？然自程朱以後，儒者皆不敢說因果，以說則受人攻擊，謂非純儒，謂悖先賢。故凡識見卑劣者，隨聲倡和以闢佛；識見高明者，無不偷看佛經以期自雄，無不痛闢佛法，以為後來入鄉賢祠，入文廟之根據耳。在程朱當日之心，只欲儒教興隆，不顧佛教存滅。馴至於今，由彼破因果輪迴之餘毒，至今爆發，廢經廢倫，廢孝免恥，以成殺父殺母，共妻共產之惡劇，可不哀哉！

現在綏遠戰事甚急，災禍極慘，我忠勇之戰士，及親愛之同胞，或血肉橫飛，喪身殞命；或屋毀家破，流離失所。無食無衣，饑寒交迫，言念及此，心膽具碎。今晨圓瑛法師向余說此事，令勸大家發心救濟。集腋成裘，原不在多寡，有衣助衣，有錢助錢，功德無量，定得善果。要知助人即助己，救人即救己，因果昭彰，絲毫不爽。若已有災難，無人為助，能稱念聖號，佛菩薩於冥冥中，亦必加以佑護焉。余乃一貧僧，絕無積蓄，有在家弟子布施者，皆作印刷經書用。今挪出一千圓，以為援綏倡。能賑人災，方能息己災。現在一般士女，務尚奢華，一瓶香水之值，有三四十圓，至二三百圓者，何如將此靡費之資，移作助綏之用？又有一般人，多好斂財，生前既不願用，死後乃期帶於地下，欲其子女以厚葬之，或留為子女用。殊不知現世有掘墓之危險，留之反受其害。如現在陝西有掘墓團之組織，專門做此工作。為人子者，既孝其父母，何忍因孝而使其枯骨暴露於地？莫如將此巨款以救濟他人之為善也。又有貧苦之人，雖有志於此，而力未逮。余以為可以念佛為助，既可息人之災，又可息己之災，果何樂而不為乎？

當滬戰時，蘇州曹滄洲居士之孫，奉父命由滬赴蘇，迎其三叔祖，及叔父等往滬。彼叔祖叔父通不願去，其人以其妻之珠寶等，纏之於腰，坐小火輪往滬。忽強盜來，欲跳上岸，適墮水中。所帶金珠，可值二三萬，均送與為己換衣之一人，而自稱貧士，為救蒙學之教師。倘大強盜知，則又不知要幾多萬令贖，豈非錢財之禍人耶？今人只貪目前便宜，不能看破。為錢財而吃虧，其例甚多，不勝枚舉。昔有某居士，問余以挽回劫運之方。余曰：「此易易事，在明因果之理，而篤行之耳。」能發信心，必有善果。日作偽之心自消，心中坦蕩蕩，任何災難皆冰雪消融矣。

洪楊之役，江西木商袁恭宏，被匪所獲，縛於客廳柱上，門上加鎖，俟時而殺之。渠自意必死，乃默念觀音聖號。良久入睡，醒而身在野地，仰首見星辰，遂得逃脫。以是，甚望大家大發信心，秉乾為大父，坤為大母之德，存民吾同胞，物吾同與之仁，凡在天地間者皆愛憐之，護育之，更能以因果報應，念佛求生西方之道勸化之。倘人各實行，則國不期護而自護，災不期息而自息矣！（第三日止此）

第四日說成佛大因果並略釋四料簡要義

前兩天余曾將因果談過，今天仍談因果。須知所談者為小因小果。今天所談者為大因大果。

佛之所以成佛，當享真常法樂；眾生之所以墮地獄，永受輪迴劇苦者，皆不出因果之外。凡人欲治身心，總不能外於因果。現在人徒好大言，不求實際，輒謂因果為小乘法，實為大謬。詎知大乘小乘，總不外因果二字。小乘是小因果，大乘是大因果。小因，是依生滅四諦，知苦斷集，慕滅修道。小果，是證阿羅漢果。大因，是修六度萬行。大果，是證究竟佛果。種瓜得瓜，種豆得豆，有其因必有其果，未之或爽也。所以不獨世間人皆在因果之中，即菩薩佛，亦不出因果之外。若謂因果為小乘，則菩薩佛亦是小乘矣。其言之狂悖可知矣！

本會是護國息災法會，余以為但息刀兵水火之災，尚非究竟，須並息生死煩惱之災，乃為徹底辦法。吾人昧己法身，斷佛慧命，可悲可痛，較之色身被禍，何止種百千萬倍？故必能護持法身慧命，斷生死煩惱，方算盡息災之能事。

佛教大綱，不外五宗。五宗者，即律、教、禪密、淨也。律為佛法根本，嚴持淨戒，以期三業清淨，一性圓明，五蘊皆空，諸苦皆度耳。教乃依教修觀，離指見月，徹悟當人本具佛性，見性成佛耳。然此但指其見自性天真之佛為成佛，非即成證菩提道之佛也。密以三密加持，轉識成智，名為即身成佛。此亦但取身了生死為成佛，非成福慧圓滿之佛也。此三宗，均可攝之於禪，以其氣分相同也。以故佛法修持之要，不過禪淨二門。禪則專仗自力，非宿根成熟者，不能得其實益。淨則兼仗佛力，凡具真信願行者，皆可帶業往生。其間難易，相去天淵。故宋初永明壽禪師，以古佛身示生世間，徹悟一心，圓修萬行，日行一百八件佛事，夜往別峰，行道念佛。深恐後世學者，不明宗要，特作一四料簡偈，俾知所趣。其偈曰：「有禪有淨土，猶如戴角虎，現世為人師，來生作佛祖。無禪有淨土，萬修萬人去，若見得彌陀，何愁不開悟？有禪無淨土，十人九蹉路，陰境若現前，瞥爾隨他去。無禪無淨土，鐵牀並銅柱，萬劫與千生，沒箇人依怙。」此八十字，乃如來一代時教之綱要，學者即生了脫之玄謨。閱者先須詳知何者為禪，何者為淨土，何者為有禪，何者為有淨土。

禪與淨土，乃約理約教而言，有禪有淨土，乃約機約修而論。理教則二法了無異致，機修則二法大相懸殊。語雖相似，意大不同。極須著眼，方不負永明之婆心矣！何謂禪？即吾人本具之真如佛性，宗門所謂父母未生前本來面目。宗門語不說破，令人參而自得，故其言如此。實即無能無所，即寂即照之離念靈知，純真心體也（離念靈知者，了無念慮，而洞悉前境也）。淨土者，即信願持名，求生西方，非偏指唯心淨土，自性彌陀也。有禪者，即參究力極，念寂情亡，徹見父母未生前本來面目，明心見性也。有淨土者，即實行發菩提心，生信發願，持佛名號，求生西方之事也。倘參禪未悟，或悟而未徹，皆不得名為有禪。倘念佛偏執唯心而無信願，或有信願而不親切，皆不得名為有淨土矣。至於雖修淨土，心念塵勞，或求人天福報，或求來生出家為僧，一聞千悟，得大總持，宏揚佛法，教化眾生者，皆不得名為修淨土人。以其不肯依佛淨土經教，妄以普通教義為準，則來生能不迷而了脫者，萬無一二。被福所迷，從迷入迷者，實繁有徒矣。果能深悉此義，方是修淨土人。眼中無珠者，每謂參禪便為有禪，念佛便為有淨土，自誤誤人，害豈有極。此已說明禪淨有無，今再將偈語逐段剖晰，方知此八十字，猶如天造地設，無一字不恰當，無一字能更移。

其第一偈云：「有禪有淨土，猶如戴角虎；現世為人師，來生作佛祖」者，蓋以其人既徹悟禪宗，明心見性；又復深入經藏，備知如來權實法門，而於諸法之中，又復唯以信願念佛一法，以為自利利他通途正行。〈觀經上品〉上生，讀誦大乘，解第一義，即此是也。猶如戴角虎者，以其人禪淨雙修，有大智慧，有大禪定，有大辯才，邪魔外道聞名喪膽，如虎之戴角，威猛無儔。有來學者，隨機說法，應以禪淨雙修接者，則以禪淨雙修接之；應以專修淨土接者，則以專修淨土接之。無論上中下根，無一不被其澤，豈非人天導師乎？至臨命終時，蒙佛接引往生上品，一彈指頃，華開見佛，證無生忍。最下即證圓教初住，亦有頓超諸位，至等覺者。圓教初住，即能現身百界作佛，何況此後位位倍勝，直至第四十一等覺位乎？故曰：「來生作佛祖」也。

其第二偈云：「無禪有淨土，萬修萬人去；若得見彌陀，何愁不開悟」者，以其人雖未明心見性，然卻決志求生西方，佛於往劫發大誓願，攝受眾生，如母憶子；眾生果能如子憶母，志誠念佛，則感應道交，即蒙攝受。力修定慧者，固得往生；即五逆十惡，臨終苦逼，發大慚愧，稱念佛名，或至十聲，或止一聲，直下命終，亦皆蒙佛化身，接引往生。非萬修萬人去乎？然此雖念佛無幾，以極其猛烈，故能獲此巨益。不得以泛泛悠悠者校量其多少也。既生西方，見佛聞法，雖有遲速不同，然已高預聖流，永不退轉，隨其根性淺深，或漸或頓，證諸果位。既得證果，則開悟不待言矣！所謂「若得見彌陀，何愁不開悟」也。

其第三偈云：「有禪無淨土，十人九蹉路；陰境若現前，瞥爾隨他去」者。以其人雖徹悟禪宗，明心見性，而見思煩惱不易斷除，直須歷緣鍛鍊，今其淨盡無餘，則分段生死方可出離。一毫未斷者勿論。即斷至一毫未能淨盡，六道輪迴依舊難逃。生死海深，菩提路遠，尚未歸家，即便命終。大悟之人，十人之中，九人如是，故曰「十人九蹉路」。蹉者，蹉陀，即俗所謂擔閣也。陰境者，中陰身境。即臨命終時，現生及歷劫善惡業力所現之境。此境一現，眨眼之間，隨其最猛烈之善惡業力，便去受生于善惡道中；一毫不能自作主宰。如人負債，強者先牽，心緒多端，重處偏墜。五祖戒再為東坡，草堂青復作魯公，此猶其上焉者。故曰：「陰境若現前，瞥爾隨他去」也。陰，音義與蔭同，蓋覆也。謂由此業力蓋覆真性，不能顯現也。瞥，盲撇，眨眼也。有以蹉為錯，以陰境為五陰魔境者，總因不識禪及有字，故致有此謬誤也。豈有大徹大悟者，十有九人，錯走路頭，即隨五陰魔境而去，著魔發狂耶？夫著魔發狂，乃不知教理，不明自心，盲修瞎鍊之增上慢種耳。何不識好歹，以加於大徹大悟之人乎？所關甚大，不可不辨。

其第四偈云：「無禪無淨土，鐵牀並銅柱，萬劫與千生，沒個人依怙」者，有謂無禪無淨，即埋頭造業，不修善法者，大錯大錯。夫法門無量，唯禪與淨，最為當機。其人既未徹悟，又不求生。悠悠泛泛，修餘法門，既不能定慧均等，斷惑證真；又無從仗佛慈力，帶業往生。以畢生修持功德，感來生人天福報。現生既無正智，來生必隨福轉，耽著五欲，廣造惡業。既造惡業，難逃惡報。一氣不來，即墮地獄，以洞然之鐵牀銅柱，久經長劫，寢臥抱持，以償彼貪聲色殺生命等種種惡業。諸佛菩薩，雖垂慈愍，惡業障故，不能得益。清截流禪師謂：「修行之人，若無正信求生西方，泛修諸善，名為第三世怨者」，此之謂也。蓋以今生修行，來生享福；倚福作惡，即獲墮落。樂暫得於來生，苦永貽于長劫，縱令地獄業消，又復轉生鬼畜，欲復人身，難之難矣。所以佛以手拈土，問阿難曰：「我手土多，大地土多？」阿難對佛：「大地土多。」佛言：「得人身者，即手中土；失人身者，如大地土。」萬劫與千生，沒個人依怙，猶局于偈語，而淺近言之也。永明禪師恐世人未能將禪淨之真義觀察清晰，故作此偈以明之，可謂迷津之寶筏，險道之導師，厥功偉矣！

良以一切法門專仗自力；淨土法門兼仗佛力。一切法門，惑業淨盡方了生死；淨土法門，帶業往生，即預聖流。世人不察，視為牟髦，良堪浩歎。今人每以話頭看得恰當，臨終去得好，便為了脫，不知此語乃未開正眼之夢話也。茲引數事為例：如清乾嘉間，有三禪僧為同參。死後，一生江蘇，為彭文章；一生雲南，為何桂清；一生陝西，為張費。三人，唯彭記得前生事。後入京會試，俱見二人，遂說前生為僧事。二人雖不記得，一見如同故人，成莫逆交。殿試，彭中狀元，何榜眼，張傳臚。鼓也放過主考學臺，然頗貪色，後終於家。何作南京制臺，洪楊反，失南京，被皇上問罪死。張尚教過咸豐皇帝書，回回要反，騙去殺之。此三人，也不是平常僧，可惜不知求生西方，雖得點洪福，二人不得善終，彭竟貪著女色，下生後世，恐更不如此生矣。

又蘇州吳引之先生，清朝探花，學問道德相貌俱好。民十年，朝普陀會余，自言伊前生是雲南和尚。以燒香過客不能多敘，亦未詳問其由。十一年，余往揚州刻書，至蘇州一弟子家，遂訪之，意謂夙因未昧，及見而談之，則完全忘失了，從此永無來往。迨十九年，余閉關報國寺，至十一月，彼與李印泉、李協和二先生來。余問：「汝何以知前生是雲南僧？」伊云：「我二十六歲做一夢，至一寺，知為雲南某縣某寺，所見的殿堂房舍，樹木形狀，皆若常見，亦以己為僧。醒而記得清楚，一一條錄。後一友往彼作官（張仲仁先生，尚知此人姓名），持去一對，絲毫不錯。」余曰「先生已八十歲，來日無多，當恢復前生和尚的事業，一心念佛，求生西方，庶可不負前生修持之苦功矣。」伊云：「念佛什麼希奇？」余曰：「念佛雖不希奇，世間無幾多人念。頂不希奇的事，就是吃飯，全世界莫一人不吃飯，此種最不希奇的事，汝為什麼還要做？」伊不能答，然亦不肯念。伊問二位李先生：「君等念否？」答曰：「念！」伊仍無下語。至十二月三十夜，將點燈時去世，恰滿八十歲。此君前生也很有修持，故今生感得大功名，大壽命。今生只盡倫常，佛法也不相信了，豈不大可哀哉！然此四人，均尚未有所證，即已有所證，未能斷盡煩惑，也難出離生死。如唐朝圓澤禪師，曉得過去未來，尚不能了，況只去得好就會了乎？

唐李源之父，守東都，安祿山反，殺之。李源遂不願做官，以自己洛陽住宅，改做慧林寺，請圓澤做和尚，伊亦在寺修行。過幾年，李源要朝峨嵋，邀圓澤同去。圓澤要走陝西，李源不願到京，定規要由荊州水道去。圓澤已知目已不能來矣，遂將後事一一開明，夾於經中，尚不發露，遂隨李源乘船去。至荊州上游，將進峽，其地水險，未暮即住。忽一婦，著錦襠，在江邊打水，圓澤一見，雙目落淚。李源問故。圓澤曰：「我不肯由此道去者，就是怕見此女人。此女人懷孕已三年，候吾為子，不見則可躲脫，今既見之，非為彼做兒子不可。汝宜念咒，助我速生，至第三日，當來我家看我，我見汝一笑為信。過十二年，八月十五夜，至杭州天竺葛洪井畔來會我。」說畢，圓澤坐脫，婦即產子。三日，李源去看，一見，其兒即笑。後李源回慧林，見經中預道後事之字，益信其為非平常人。至十二年，李源預到杭州，至八月十五夜，往所約處候之。忽隔河一放牛孩子，騎牛背，以鞭打牛角唱曰：「三生石上舊精魂，賞月吟風不要論，慚愧情人遠相訪，此身雖易性常存。」李源聞之，遂相問訊，談敘，敘畢，又唱曰：「身前身後事茫茫，欲話因緣恐斷腸，吳越江山遊已遍，卻回煙棹上瞿塘。」遂乘牛而去。此種身分，尚了不了，況只話頭看得恰當，去得好，就會了乎？

仗自力了生死，有如此之難；仗佛力了生死，有如彼之易，而世人每每捨佛力而仗自力，亦莫名其妙。今二語為之說破，只是要顯自己是上等人，不肯做平常不希奇的事之知見所誤也。願一切人，詳思此五人之往事，如喪考妣，如救頭然，自利利他，以修淨業，方可不虛此生此遇矣。（第四日止此）

第五日略釋天台六即義兼說吃素放生

淨土法門，三根普被，利鈍全收，契理契機，至頓至圓，洵為利生唯一無上法門。唯現在之人，或者自高自大，謂既云眾生即佛，則我即是佛，何必再念佛乎？或者以我既為苦惱凡夫，何能了生脫死，唯求來生不失人身耳。此兩種人，皆不明因果所致，故今日仍講因果。

須知眾生即佛者，以其具有佛性之真因也，設不修念佛妙行，佛性無由顯現，何能得了生死成佛道之實果乎？譬如寶鏡蒙塵，光明不現，實未失之也。若肯用力揩磨，自可照天照地矣。若言我是苦惱凡夫，不能生西方了生脫死以至成佛者，乃業深障重，自甘墮落也。且今世之人，有下棋叉麻雀而累死者，不知有多少。若能以此勞苦修行念佛，何愁不往生西方，上證佛果乎？蓋佛本是眾生修持得證佛果之人耳。隋天台智者大師，著《觀無量壽佛經疏》，立六即佛義，以對治自甘墮落，及妄自尊大之病。六即佛者：一理即佛，二名字即佛，三觀行即佛，四相似即佛，五分證即佛，六究竟即佛也。六明階級淺深，即明當體就是。譬如初生孩子，與其父母形體無異，而力用則大相懸殊。不得謂初生孩子非人，亦不得以成人之事令孩子擔當也。若能知六而常即，則不生退屈。知即而常六，則不生上慢。從茲努力修持，則由凡夫而圓證佛果，由理即佛而成究竟即佛矣。

理即佛者，一切眾生皆有佛性，雖背覺合塵，輪迴三途六道，而佛性功德仍自具足，故名理即佛，以心之理體就是佛也。無機子頌曰：「動靜理全是，行藏事盡非，冥冥隨物去，杳杳不知歸。」以一切眾生，未聞佛法，不知修持，而一念心體，完全同佛，故曰：「動靜理全是。」由其迷背自心，作諸事業，故曰：「行藏事盡非。」事完全不與佛性相應也。終日終年，昏昏冥冥，隨煩惱妄想之物欲而行，從生至死，不知迴光返照，故曰：「冥冥隨物去，杳杳不知歸」也。

名字即佛者，或從善知識，或從經典，聞即心本具寂照圓融不生不滅之佛性；於名字中，通達了解，知一切法皆為佛法，一切眾生皆可成佛，所謂聞佛性名字，即得了解佛法者是也。頌曰：「方聽無生曲，始聞不死歌，今知當體是，翻恨自蹉跎。」以從前只知生死輪迴，無有了期，今知佛性真常，不生不滅。既知當體就是成佛真因，則汲汲修持，反恨從前虛度光陰，以致未能實證也。

觀行即佛者，依教修觀，即圓教五品外凡位。五品者，一隨喜品，聞實相之法，而信解隨喜者。二讀誦品，讀誦「法華」，及諸大乘經典，而助觀解者。三講說品，自說內解，而導利他人者。四兼行六度品，兼修六度，而助觀心者。五正行六度品，正行六度，而自行化他，事理具足，觀行轉勝者。頌曰：「念念照常理，心心息幻塵，徧觀諸法性，無假亦無真。」既圓悟佛性，依教修觀，對治煩惱習氣，故曰：「念念照常理，心心息幻塵。」了知一色一香，無非中道；一切諸法，無非佛法；一切眾生，皆當作佛，故曰：「徧觀諸法性，無假亦無真。」

相似即佛者，謂相似解發，即圓教十信內凡位也。初信斷見惑，七信斷思惑，八九十信斷塵沙惑。頌曰：「四住雖先脫，六塵未盡空，眼中猶有翳，空裡見華紅。」四住者，一見一切住地，乃三界之見惑也。二欲愛住地，乃欲界之思惑也。三色愛住地，乃色界之思惑也。四有愛住地，乃無色界之色惑也。初信斷見，七信斷思，故曰：「四住雖先脫。」然由色聲香味觸法之習氣未盡，故曰：「六塵未盡空。」此但指七信位說，八九十信，塵沙惑泵，習氣全空矣。習氣者，正惑之餘氣耳。如盛肉之盤，雖經洗淨，猶有腥氣。貯酒之瓶，雖經蕩過，猶有酒氣。「眼中猶有翳，空裡見華紅」者，以無明未破，不能見真空法界之本體也。

分證即佛者，於十信後心，破一分無明，證一分三德，即入初住，而證法身，是為法身大士。從初住至等覺，共四十一位，各個破一分無明，證一分三心，故名分證即佛也。以無明分四十二品，初住破一分，以至十住則破十分，歷十行，十迴向，十地，以至等覺，則破四十一分矣。初住，即能於無佛世界，現身作佛，又復隨類現身，度脫眾生，其神通道力不可思議，何況位位倍勝，以至四十一位之等覺菩薩乎？頌曰：「豁爾心開悟，湛然一切通，窮源猶未盡，常見月朦朧。」「豁爾心開悟，湛然一切通」者，頌其分破分證之景象也。「窮源猶未盡，常見月朦朧」者，頌其猶有無明雲，未能徹見性大真月之光輝也。

究竟即佛者，從等覺，再破一分無明，則真窮惑盡，福慧圓滿，徹證即心本具之真如佛性，入妙覺位，成無上菩提道矣。頌曰：「從來真是妄，今日妄皆真，但復本時性，更無一法新。」「從來真是妄」者，未悟以前，只此皆空之五蘊，而妄生執著，色法心法互相形立，則苦厄隨生。既悟之後，亦只此五蘊，而全體是一個真如，了無色心五蘊之相可得。故曰：「從來真是妄，今日妄皆真」也。然此所證之真，並非新得，不過復其本具之真如佛性而已。故曰：「但復本時性，更無一法新」也。又眾生在迷，見佛菩薩及一切眾生皆是眾生，故毀謗佛法，殺害眾生，不知罪過，反以為樂。佛既徹悟心佛眾生三無差別之心，見一切眾生完全是佛，故於怨於親，皆為說法，今得度脫。縱令極其惡逆不信之人，亦無一念棄捨之心，以見彼是未成之佛故也。

今晨黃涵之對余曰：「圓瑛法師言，道場將近圓滿，於圓滿日，舉行放生，於十六日，說三歸五戒，祈為大眾宣說放生受歸戒之大意，俾大家同發利人利物之心，故不得不為宣說也。本法會原為護國息災，若推究災之來因，多由殺生死起。欲止殺業，須從戒殺吃素護惜物命，及買放物命而起。大家各須發心，護惜物命。「欲知世上刀兵劫，但聽屠門半夜聲。」此語當奉為箴銘，力如警惕。蓋放生之意義，即是使大家發心護生，自己放生，當然不再殺生；即已不放生，看到他人放生，抑又何忍殺生？如人能護惜生物，不加殘害，則殺劫可消，而國運可轉矣。但世人尚有一面出資放生，一面仍照常殺生吃肉；如此，雖有放生之小功德，何能敵殺生之大罪過乎？現本會定於圓滿日舉行放生，願諸位發心捐助，自利利物，功德不可思議。至於此次皈依弟子之供養，決定完全作為賑災之用，印光絕不取用分文。蓋余一孤僧，既無廟宇，又無徒弟，除衣食外，留殘何用？一旦命終，用火燒後，骨燼投入大海，不須造塔，及作任何紀念也。且此皈依之事，最初余本不應允，卒以圓瑛法師及屈文六居士之敦勸，以為諸人求法心殷，為滿彼等之願，情不可卻，故乃允許。余素輕視金錢，不似他人每名弟子須出香敬若干，始准皈依，余則即無錢亦可皈依，祇要其能有虔心修持耳。蓋勿以皈依一事如做買賣，須出價若干，方能購貨幾許看，則方是真實皈依佛法之信徒，方可得了生脫死，超凡入聖之大利益矣。（第五日止此）

第六日以真俗二諦破諸執見及說近時靈感

世人執空執有，妄生己見，故迷而不覺。世尊設教，即欲令眾生破上二見；特設一念佛法門，俾其從有而至空，得空而不廢有，則空有二法，互相資助，得益甚大。況仗彌陀願力，故其力用，超過一切法門，而為一切法門之所歸宿也。

世有一種下劣知見人，教以念佛求生西方，則曰：「我等業力凡夫，何敢望生西方，但求不失人身即足矣。」此種知見，由不知眾生心性，與諸佛之心性，一如無二，但以諸佛修至極，性德圓彰，眾生唯具性德，絕無修德，縱有所修，多屬悖性而修，反增迷悖耳。又有一種狂妄知見人，教以念佛，則曰：「我就是佛，何須念佛？汝等不知自己是佛，不妨常念，我既自知是佛，何得頭上安頭？」此種知見，由於只知即心本具佛性之佛，不知斷盡煩惑，圓滿福慧之佛。此種人若知性修理事，不可偏執，力修淨行，則遠勝生下劣知見者。否則自誤誤人，永墮阿鼻地獄，了無出期矣。故執空執有之謬知，下劣狂妄之謬見，唯念佛最為易治。以是心作佛，是心是佛，若不作佛，則不是佛矣。此二句經文，為破下劣狂妄二見之無上妙法也。

剋論佛法大義，不出真俗二諦，真諦一法不立，即聖智所見之實體也。俗諦萬行圓彰，即法門所修之行相也（俗，即建設之義，不可作世俗，鄙俗講）。學佛之人，必順真俗圓融，一道齊行。以其一法不立，始蝦修萬行圓彰之道；萬行圓彰，始能顯一法不立之體。今為易解，特說一喻。真如法性之本體，如大圓寶鏡，空空洞洞，了無一物。而胡人來則胡人現，漢人來則漢人現，胡漢俱來則俱現。正當空空洞洞，了無一物時，不妨胡來胡現，漢來漢現；正當胡來胡現，漢來漢現，仍然空空洞洞，了無一物。禪宗多主真諦，即在萬行圓彰處，指其一法不立。淨宗多主俗諦，即在一法不立處，指其萬行圓彰。明理智士，自無偏執，否則寧可著有，不可著空。以著有，雖不能圓悟佛性，尚有修持之功。著空，則撥無因果，成斷滅見，壞亂佛法，貽誤眾生，其禍之大，不可言宣。

吾人念佛，當從有念而起，念至念寂情亡時，則既無能念之我，亦無所念之佛，而復字字句句，歷歷分明，不錯不亂，即所謂念而無念，無念而念也。念而無念，無念而念者，正念佛時，了無起心念佛之情念。雖無起心念佛之情念，而復歷歷明明，相續而念。然此工夫，非初心所能即得。若未到無念而念之工夫，即不以有念為事，則如毀屋求空，此空非是安身立命之所。古之禪德，多有禮拜持誦，不惜身命，如救頭然者。故永明壽禪師，日課一百零八種佛事，夜往別峰，行道念佛。況後世學者，不重事修，而欲成辦道業乎？以大悟一法不立之理體，力行萬行圓修之事功，方是空有圓融之中道。空解脫人，以一法不修為不立，諸佛稱為可憐憫者。蓮大師云：「著事而念能相續，不虛入品之功。執理而心實未通，難免落空之禍。」以事有挾理之功，理無獨立之能，故也。吾人學佛，必須即事而成理，即理而成事。理事圓融，空有不二，始可圓成三昧，了脫生死。若自謂我即是佛，執理廢事，差之遠矣。當用力修持，一心念佛，從事而顯理，顯理而仍注重於事，方得實益。如等覺菩薩，尚以十大願王迴向往生西方極樂世界，以期圓滿佛果。今以凡夫而不自量，視念佛為小乘，不足修持，則將來定入阿鼻地獄矣。

又念佛人，要各盡己分，不違世間倫理，所謂敦倫盡分，閑邪存誠，諸惡莫作，眾善奉行。若不孝父母，不教子女，乃佛法中之罪人，如此而求得佛感應加被，斷無是理。故學佛者，必須父慈子孝，兄友弟恭。己立立人，自利利他。各盡己分，以身率物。廣修六度萬行，以為同仁軌範。須知孝悌忠信，禮義廉恥，亦在六度萬行之中。世之不信佛者，如戴著有色眼鏡，以觀察事物，紅綠彩色，由鏡而異，不得事物之本色。故大學有格物致知之說，良有以也。我等學人，切勿妄執己見；如妄執己見，坐井觀天，一俟閻羅索命，方悟前非，亦悔之晚矣！斯世澆漓，社會紊亂，天災人禍，疊環相生。欲謀挽救，須人人敦倫盡分，孝親慈幼，愛人若己，大公無私方可。以人心和平，世界自安，國難自息矣。現在最大之禍患，在於人存私心，私心之極，則親子可殺其父母。世人多羨唐虞之治，熙熙皞皞，天下太平，而歎今之世風頹喪，人心澆漓。然一究其何以至此，則公與私耳！公極，則世界大同；私極，則了殺其父母。若彼此破除私見，無相殘害，則唐虞三代之世，又何難復見於今日哉？昔普陀一老僧行路，適腿碰其凳，遂將凳踢倒，連踢幾腳。此種知見，皆因任己我慢，絕不反省之所致也。此見大發，則必至殺父殺母，尚不以為恥，反以為功矣。現在殺機更盛，殺人之工具亦益見巧妙，大劫當前，誰能逃得？唯有大眾虔誠念佛，哀冀佛力之加被。

滬戰時，閘北房舍多成灰燼，獨余皈依弟子夏馨焙之寓所未曾波及。蓋當戰事劇烈時，彼全家同念觀世音聖號。且最奇異者，戰事起後第七日，渠一家人始由十九路軍救出，及戰停歸家，室中諸物，一無所失。非菩薩之佑護，何能如是？渠供職新聞報館已數十年，夫妻均茹素念佛甚虔。是知觀音菩薩大慈大悲，遇有災難，一稱聖號，定蒙救護也。或曰，世人千萬，災難頻生，觀音菩薩僅是一人，何能一時各隨其人而救護之耶？即能救護，亦不勝其勞矣。殊不知並非觀音處處去救，乃眾生心中之觀音救之耳。觀音本無心，以眾生之心為心，故能應以何身得度者，即現何身而為說法。如皓月當空，所有水中皆現月影，千江有水千江月，此月為多為一耶？不可言一，萬水之月各現矣。不可言多，虛空之月常一也。諸佛菩薩之救度有情亦復如是。其不得感應者，唯以眾生之不虔誠，非菩薩之不救護也。如一池汙濁之水，欲月現其中，豈可得乎？明乎此，我等大眾念佛，猶有不正心誠意，虔懇而為之，吾不信也。

山西聞喜縣，一弟子葉滋初，騎騾行於大山間，一邊高峰，一邊深澗，雪凍成水，騾滑而蹶，遂跌下澗。半崖有一株大樹，恰落到樹之中間，得以無虞，否則粉身碎骨矣。此樹何由而有，乃觀主所示現也。又民十七年，寧波蔡仁初，於滬開五金玻璃店，人極淳厚，與聶雲臺善。雲臺令常念觀音，意防綁票，仁初信之。一日，將出，自已汽車在門外，綁匪以手槍趕開車者去，匪坐其上。仁初一出即上車。隨即開去，方知被綁，乃默念觀音，冀車壞得免。已而輪胎爆裂，車行蠕蠕。再前行，油缸炸破，車遭火焚。匪下車恨甚，向之開三槍，而蔡以三跳免，遂乘人力車歸。其年六月，與其夫人同至普陀皈依。又張少濂，為某洋行經理，素不信佛。一日，坐汽車行於冷靜處，二匪以小六門趕開車者去。張云：「君上車坐，令彼開往何處即已。」二匪人各持手槍向張，張默念觀音，行至鬧熱處，適有二人打架，巡捕吹哨，二匪跳下車逃去。蓋以念觀音之故，致匪誤會為捉已故也。其舅周渭石，先皈依，一日請余至其家，少濂亦皈依。又鎮海李觀丹之子，為洋行買辦。得吐血病二年，有時吐，即不吐時，痰中亦常帶血。一日，為匪綁去。觀丹畏懼異常，全家念觀音求救，復請法藏寺僧助念。後匪索銀五十萬圓，李家祇允五萬，匪魁謂非五十萬不可。然每說五十萬時，頭即作痛，竟以五萬圓贖回。且自匪綁去，不但不吐血，連吐痰也不帶血了。二年多之痼疾由被綁而全癒矣。以上所述感應事跡，宜深信之。

現在學佛人頗多，然能深知佛法者甚少，外道之語，人多信之。江浙俗傳，謂念佛之人，血房不可入，以產婦血腥一衝，以前所念之功德都消滅矣，故視作畏途。雖親女親媳，皆不敢近，猶有預先避居別處，過月餘方敢回家者。此風遍行甚廣，亦可怪也。不知此乃外道邪說，蠱惑人心，何可妄信？民十二年，袁海觀之次媳，年已五十多歲，頗有學問，有二子，二女。其長媳將生子，一居士謂曰：「汝媳生子，汝家中一個月內供不得佛，也念不得佛。」

彼聞而疑之，適余至滬，彼問此事。余曰：「瞎造謠言，歸告汝媳，令念觀音，臨產乃須出聲念；汝與照應人，各大聲念，定規不會難產，及無苦痛血崩等事，產後亦無種種危險。」彼聞之甚喜，不幾日而孫生，其孩身甚大。湖南人，生子必稱，有九斤半，且係初胎，了無苦痛，可知觀音大慈悲力，不可思議。平常念佛菩薩，凡睡臥，或洗腳、洗浴時，均須默念。唯臨產不可默念，以臨產用力，默念必受氣病，此極宜注意。須知佛力不可思議，法力不可思議，眾生心力不可思議，唯在人之能虔誠與否耳。明高僧壽昌慧經禪師，生時頗難，其祖立於產室外，為念《金剛經》，以期易生。開口念出金剛二字，即生，其祖乃取名為慧經。長而皈依，及出家，皆不另取名，其人為萬曆間出格高僧。由是觀之，可知佛法之有益於世間也大矣！念觀音於生產有如是利益，豈可為邪說所惑，而不信奉耶？

世人食肉，已成習慣。當知無論何肉，均有毒，由於殺時，恨心怨氣所致。雖不至即時喪命，然積之已久，則必發而為瘡為病。年輕女人，若生大氣後，餵孩子乳，其子必死，以因生氣而乳成毒汁也。人以生氣，尚非要命之痛，尚且如此，況豬羊雞鴨魚蝦要命之痛，其肉何能無毒乎？余十餘年前，見一書云：一西洋女人，氣性甚大，生氣後餵其子乳，其子遂死，不知何故。後又生一子，復以生氣後餵乳而死，因將乳令醫驗之，則有毒，方知二子皆乳藥死。近有一老太婆皈依，余令吃素，以肉皆有毒，並引生氣西婦藥死二子為證。彼云，伊兩個孩子，也是這樣死的；以其夫橫蠻，一不順意，即行痛打，孩子看見即哭，便為餵乳，遂死，亦不知是乳藥死的。其媳亦因餵乳死一子。可知世間被毒乳藥死的孩子，不知有多少。因西婦為發起，至此老太婆方為大明其故。凡餵孩子之女人，切勿生氣，倘或生大氣，當日切不可即餵孩子。須待次日心平氣和，了無怨恨時，乃無礙矣！若當日即餵，或致即死，縱不即死，或遲遲死。是知牛羊等至殺時雖不能言，其怨毒結於身肉者，亦非淺鮮。自愛者固宜永戒，以免現生後世種種災禍也。此事知者甚少，故表而出之，幸大家留意焉。

由此證之，須知人當怒時，不獨其乳有毒，即眼淚口水亦有毒。若流於小兒眼中身上，亦為害不淺。一醫生來皈依，余問醫事有此說否？彼云不知。世間不在情理之事頗多，不可因非科學而鄙視之。如治瘧疾方，用二吋寬一條白紙，寫烏梅（兩個），紅棗（兩個），胡豆（按病人歲數多少，寫多少顆。如十歲，寫十顆，二十歲，寫二十顆）。摺而疊之，于未發一點鐘前，男左女右，綁於臂膊上，即不發矣。百發百中，即二三年不癒者，亦可即癒。非符非咒非藥，而能癒痼疾，豈可以常理推之乎？世間事體，均難思議，如眼見耳聞，乃極平常事，人人知之。若問眼何以能見，耳何以能聞，則知者絕少矣。佛法有不可思議而可思議者，有可思議而不可思議者。神而明之，存乎其人，豈可以常情測度乎？（第六日止此）

第七日論大妄語罪及佛大孝與致知格物老實念佛等

法會今日圓滿，七日之期瞬息過去。但是法會雖圓滿，而護國息災，當盡此一報身而為之，非人人吃素念佛，往生西方，不能謂為究竟之圓滿也。

現世學佛之人，多有自謂我已開悟，我是菩薩，我已得神通，以致貽誤多人。一旦閻老索命，臨命終時，那時求生不得，痛苦而死，定墮阿鼻地獄。此種好高騖勝，自欺欺人之惡派，切勿染著，有則改之，無則加勉，戒之戒之！

殺盜淫等，固為重罪，然人皆知其所行不善，不至人各效法，其罪尚輕。若不自量犯大妄語，未得謂得，未證謂證，引諸無知之輩各相效尤，壞亂佛法，疑誤眾生，其罪之重，莫可形容。修行之人，必須韜光隱德，發露罪衍。儻虛張聲勢，做假場面，縱有修行，亦被此虛偽心喪失矣。故佛特以妄語為各戒之根本戒者，以防護其虛偽之心，庶可真修實證也。修行之人，不可向一切人誇自己工夫。如因自己不甚明了，求善知識開示印證，據實直陳，不可自矜而過說。亦不可而少說，按己本分而說，方是真佛弟子，方可日見進益矣。

六祖大師云：「佛法在世間，不離世間覺，離世覓菩提，恰如求兔角。」是知世間一切事事物物，均為佛法。吾人舉心動念，都要了了明明，不要為妄念所迷。即知世間極惡最壞之人，以及孩提之童，如有言其不善者，則怒；言其善者，則喜。其怒不善而喜善者，豈非其本覺之真心發現乎？所可惜者，不知自返而擴充之，仍復日為不善，致成好名而惡實，入於小人之域矣。使其自返曰：「我既喜善，當力行善事，力戒惡事。」近之則希賢希聖，遠之則了生脫死，成佛覺道矣。其所重在自覺，覺則不肯隨迷情去，卒至於永覺不迷。若不自覺，則日欲人稱善，日力行諸惡，豈不大可哀哉？即自喜人稱己為善之念，足證眾生皆有佛性。而順性逆性之行為，一在自勉自棄，一在善惡知識之開導引誘也。現世之災難頻生，由於人多不務實際，徒事虛名，好名而惡實，違背自己本心之所致也。若能迴光返照，發揮原有佛性，不自欺欺人，明禮義，知廉恥，則根本既立，無悖理亂德之行，災患自息矣。

學佛之人，最要各盡其分，能各盡其分，即是有廉有恥。如父慈子孝，兄愛弟敬，皆當努力行之。大學所謂：「大學之道，在明明德。」上明字，即是克己省察之修德；下明德二字，即是自心本具之性德。欲明自心本具之明德，非從克己省察修持不可。進之，始可言在親民，在止於至善。此之親民，即是各盡其分之意；止於至善，即是居心行事，自行化他，悉皆順乎天理人情，不偏不倚之中道。能如是，為聖為賢，可得而致矣。且佛法之教人，在於對治人之煩惱習氣，故有戒定慧三學，以為根本。蓋以戒束身，則悖德悖理之事不敢為，無益有損之語不敢說。因戒定生，而心中紛紛擾擾之雜念漸息，糊糊塗塗之作為自止。因定發慧，則正智開發，煩惑消滅，進行世出世間諸善法，無一不合乎中道矣！戒定慧三，皆是修德。由正智親見之心體，乃明德也。此之明德，在中庸則名誠。誠，指淳真無妄；明德，指離念靈知；誠與明德，皆屬性德。由有克己省察修持之修德，性德方彰，故須注重上一明字，則明德方能徹見而永明矣。

佛法世間法，本來不是兩樣。或有以佛辭親割愛，謂為不孝者，此局於現世，不知過去未來之淺見也。佛之孝親，通乎三世，故《梵網經》云：「若佛子，以慈心故，行放生業，一切男子是我父，一切女人是我母，我生生無不從之受生。故六道眾生皆是我父母，而殺而食者即殺我父母。」佛之於一切眾生愍念而度脫之，其為孝也，不亦廣且遠哉？且世間之孝，親在則服勞奉養，親沒則祇於生沒之辰，設食祭奠，以盡人子之心。設或父母罪大，墮於異類，誰能知所殺而食之生物中，絕非曾為我之父母乎？昧三世無盡之理，而以數十年之孝責人，其所知見之淺小，為可憐也。故佛教人戒殺放生，吃素念佛者，其慈悲救濟也大矣！

或又謂，豬羊魚蝦之類，乃天生以資養人者，食又何罪？此以身未歷其境而妄說，若親歷其境，則望救之不暇，何容置辯？〈勸戒類編〉載：福建蒲城令趙某，長齋奉佛，其夫人絕無信心，誕辰之先，買許多生物，將欲殺而宴賓。趙曰：「汝欲祝壽，令彼等死，可乎？」夫人曰：「汝之話皆無用，若依佛法，男女不同宿，不殺生命，再過幾十年，滿世間通是畜生了。」趙亦無法可勸。至夜，夫人夢往廚房，見殺豬，則自己變成豬，殺死還曉得痛；拔毛開肚，抽腸割肺，痛不可忍。後殺雞鴨等，皆見自己所殺之物。痛極而醒，心跳肉顫，從此發心放所買之生，而吃長素矣。此人宿世有大善根，故感佛慈加被，令親受其苦，以止惡業。否則生生世世供人宰食矣。世之殺生食肉者，能設身處地而作己想，則不難立地回頭矣！

又有一類人說，我之食牛羊雞鴨等肉，為欲度脫彼等耳。此說不但顯教無之，則密教亦無之，若果有濟顛之神通，未為不可。不然，邪說誤人，自取罪過，極無廉恥之輩，乃敢作是說耳！學佛者，須明白自己之身分力量，不可妄自誇大，至囑至囑！

梁時，蜀青城山，有僧名道香，具大神力，祕而不露。該山年有例會，屆時眾皆大吃大喝，殺生無算，道香屢勸不聽。是年，乃於山門掘一大坑，謂眾曰：「汝等既得飽食，幸分我一杯羹，何如？」眾應之，於是亦大醉飽，令人扶至坑前大吐。所食之飛者飛去，走者走去，魚蝦水族，吐滿一坑。眾大驚畏服，遂永戒殺。道香旋因聞誌公之語，當即化去（有蜀人，在京謁誌公。誌公問：「何處人？」曰：「四川。」誌公曰：「四川香貴賤？」曰：「很賤。」誌公曰：「已為人賤，何不去之？」其人回至青城山，對香述誌公語。香聞此語，即便化去）。須知世之安分守己者，一旦顯示神通，當即去世示寂，以免又增煩惱耳。否則須如濟公之瘋癲無狀，令人疑信不決，方可。

學佛者，務要去人我之見，須己立立人，自利利他，然後方可言入道。即如大學曰：「古之欲明明德於天下者，先治其國；欲治其國者，先齊其家；欲齊其家者，先修其身；欲修其身者，先正其心；欲正其心者，先誠其意；欲誠其意者，先致其知；致知在格物。」此所謂物，即是與天理人情不合之私欲。既有私欲，則知見偏邪，不得其正矣。如愛妻愛子者，其妻子再壞，彼不見其壞，以溺愛之私欲，錮蔽本具之良知，以成偏邪不正之惡知。若將溺愛之念格除淨盡，則妻與子之是是非非，直下徹見矣。是知格物一事，所宜痛講，切不可以窮盡天下事物之理為格物。格除自己私欲之物，乃是明明德之根本。窮盡天下事物之理，乃末之又末之事。以末之又末之事為本，宜乎天下之亂無可救藥也！佛法之去貪瞋癡，即是格物；修戒定慧，即是致知。貪瞋癡之物，蘊之於心，亦若戴著色眼鏡，以視諸物，皆不能見其本色耳，物之禍害，可不畏哉？

念佛之人，勿自仗聰明智慧，須拋之於東洋大海外。不然，恐有所誤，自貽伊戚，蓋以其知見多而不一也。反之，如一般愚夫愚婦之念佛，正心誠意，而受益甚眾。故念佛一法，最好學愚夫愚婦，老實行持為要。俗言，聰明反被聰明誤，可不懼乎？如雲南保山鄉，皈依弟子鄭伯純之妻，長齋念佛多年。其長子慧洪，上前年死，其母以愛子故服毒，了無苦相，端坐念佛而逝。且死後面色光潤，驚動一方。伯純以老儒提倡，而信者甚少。由其妻子之死，而信者十之八九矣。端坐念佛而逝，雖無病而死，也甚難得；況服毒而死，能現此相，若非得三昧，毒不能毒，能有此現相乎？

宋楊傑，字次公，號無為子，參天衣懷禪師大悟。後丁母憂，閱大藏，深知淨土法門之殊勝，而自力行化他焉。臨終說偈曰：「生亦無可戀，死亦無可捨，太虛空中，之乎者也，將錯就錯，西方極樂。」楊公大悟後，歸心淨土，極力提倡。至其臨終，謂生死於真性中，猶如空華，以未證真性，不得不以求生西方為事也。「將錯就錯」者，若徹證真性，則用不著求生西方，求生仍是一錯。未證而必須要求生西方，故曰：「將錯就錯，西方極樂。」「蓮池大師往生集」，於楊公傳後贊曰：「吾願天下聰明才士，咸就此一錯也。此可謂真大聰明，不被聰明所誤者。」若宋之蘇東坡，雖為五祖戒禪師後身，常攜阿彌陀佛像一軸以自隨，曰：「此吾生西方之公據也。」及其臨終，徑山惟琳長老勸以勿忘西方，坡曰：「西方即不無，但此處著不得力耳。」門人錢世雄曰：「此先生平生踐履，固宜著力。」坡曰：「著力即差！」語絕而逝。此即以聰明自誤之鐵證，望諸位各注意焉。

淨土法門，契理契機，用力少而成功易，如風帆揚於順水，以仗佛力故也。其他各宗，用力多而成功難，如蟻子上於高山，全憑自力故也。等覺菩薩，欲圓滿佛果，尚須求生西方，何況我等凡夫，業根深重，不致力於此，是捨易而求難，惑之甚矣！且今世殺人之具，日新月異，若飛機大砲，毒氣死光等，山河不能阻，堅物不克禦，我等血肉之軀，何能當此？而人生朝露，無常一到，萬事皆休。是以欲求離苦得樂者，當及時努力念佛，求佛加被，臨終往生。一登彼土，永不退轉，華開見佛，得證無生，方不孤負得聞此法而信受也。唯願大眾精進行持，是所至禱！（第七日止此）

第八日法會既圓為說三皈五戒十善及做人念佛各要義

今日為汝等皈依之日，汝等既已皈依，當明皈依之道理，茲為汝等述之。

汝等為何而皈依？余想總不外欲求生西方，了脫生死而已。如何方能達到此等地步？即須皈依三寶，所謂皈依佛，皈依法，皈依僧也。能皈依三寶，如實修持，才得了脫生死，往生西方，且所謂三寶，有自信、住持二種。佛者覺悟義；自性佛者，乃即心本具離念靈知之真如佛性也。法者軌範義；自性法者，乃即心本具道德仁義之懿範也。僧者清淨義；自性僧者，乃即心本具清淨無染之淨行也。住持三寶者，釋迦佛在世前則為佛寶；佛滅度後，所有範金合土，木雕彩畫之佛像，皆為佛寶。佛所說離欲清淨諸法，以及黃卷赤軸諸經典，皆為法寶。出家染衣，修清淨行者，皆為僧寶。皈者，皈投，如水皈海，如民皈王。依者，依託，如子依母，如渡依舟。人在生死大海，若不皈依自性三寶，與住持三寶，則便無法可出。若肯發志誠心，歸依三寶，則便出生死苦海，了生脫死矣！如人失足，墮於大海，狂濤洶湧，有滅頂憂；當此千鈞一髮，生死存亡之際，忽有船來，即便趨赴，是歸投義。由知自性三寶，則克己省察，戰兢惕厲，再求住持三寶，及十方三世一切三寶，則可消除惡業，增長善根，即生成辦道業，永脫生死輪迴矣。如遇救登船，安坐到岸，曩時凶險已過，現在得慶更生。無限利益，由此而得，是依託義。世事紛龐，煩惱苦痛，處此生死大海，當以三寶為船；眾生得所歸依，鼓棹揚帆，不懈不退，自可登於彼岸。

既皈依佛，當以佛為師，始自今日，直至命終，虔誠敬禮，一息無容或懈，再不得皈依天魔外道，邪鬼邪神。既皈依法，當以法為師，自今至終，不得皈依外道典籍。既皈依僧，當以僧為師，自今至終，不得皈依外道徒眾。若已皈依三寶，仍信仰外道，遵奉邪魔鬼神，雖日日念佛修持，亦難得真實利益。以邪正不分，絕無了生死之希望，其各凜諸（「皈」「歸」二字通）。

三皈之義既明，再述五戒之義，所謂五戒者，一不殺生，二不偷盜，三不邪淫，四不妄語，五不飲酒也。

不殺生者，好生惡死，物我同然，我既愛生，物豈願死！言念及此，何忍殺生？一切眾生原是同等，輪迴六道，隨善惡業，形體以變，升降超沉，了無底止。我與彼等，於多劫中，互為父母，互為子女，如是思之，何敢殺生？一切眾生皆具佛性，直下與三世諸佛無二無別，於未來世皆可成佛。但以宿世惡業之力，障蔽妙明佛性，不能顯現，淪為異類。當具憐憫心，慈悲心，以拯救之，何忍宰割其體，以飽己腹？我輩今生既得為人，乃前生之善果，宜保此善果，使之發揚光大，繼續永久，當戒殺生。如其廣造殺業，必墮惡道，酬償宿債，展轉互殺，此仆彼起，無有窮期。欲求生西方而免輪迴之苦者，又何敢造殺業乎？故須首重戒殺。

不偷盜者，即是見得思義，不與不取也。此事凡知廉恥者，皆能不犯。然人非聖賢，孰能無過？蓋私欲若起，則易為物遷。若大利現前，能避之若蛇蠍，狂奔急走者，不數數覯也。且所謂盜，並非專指盜人財物而言。即居心行事，有類於盜者，亦名為盜。如以公濟私，損人利己，以勢取財，用計謀物，忌人富貴，願人貧賤，皆是。又如陽取為善之名，若遇諸善事，心不認真，事多敷衍：如設義學，不擇嚴師，誤人子弟；施醫藥，不辨真假，誤人性命；凡見急難，漠不速救，緩慢浮游，或致誤事；但取敷衍塞責，不顧他人利害，如是之類，皆名為盜。心存盜心，事作盜事，社會因之紊亂，天下亦不太平矣！故須並重戒盜。

不邪淫者，陰陽相感，萬物以生，男女居室，人之大倫；生男育女，教養成人，上關風化，下關宗祧，故所不制。若非己配，苟合交通，是為邪淫。此乃逆乎天理，亂乎人倫，生為衣冠禽獸，死墮三途惡道，千萬億劫，不能出離。然人從淫欲而生，故淫心最難制伏。如來令貪欲重者，作不淨觀，觀之久久，則見色生厭矣。又若將所見一切女人，作母女姊妹想，生孝順心，恭敬心，則淫欲惡念無由而生矣。此乃斷除生死輪迴之根本，超凡入聖之階基，宜常警惕。至如夫婦相交，原非所禁，然須相敬如賓，為承宗祀，極當撙節，不可徒貪快樂，致喪身命。雖是己偶，貪樂亦犯，不過其罪父輕耳。故須並重戒淫。

不妄語者，言而有信，不虛妄發也。若見言不見，不見言見，以虛為實，以有為無；凡是心口不相應欲欺哄於人者，皆是。又自未斷惑，謂為斷惑；自未得道，謂為得道；是為大妄語，此罪極重，以其壞亂佛法，疑誤眾生，定墮阿鼻地獄，永無出期。故須並重戒妄語。

以上四事，名為性戒，以體性當戒故。不論出家在家，受戒與否，犯者皆有罪過。未受戒，按事論罪。已受戒者，於按事論罪外，又加一重犯戒之罪。故此殺生、偷盜、邪淫、大妄語四種，一切人皆不可犯，犯皆有罪。已受戒者犯之，則兩重罪。

不飲酒者，酒能迷亂人心，壞智慧種。飲之令人顛倒昏狂，妄作無恥之事；凡修行者，絕不許飲。要知一切妄念邪行，皆由飲酒發生，故須並重戒酒。此是遮戒，唯受戒者得犯戒罪；未受戒者，飲之無罪。然以不飲為是，以其能生種種罪之根本也。

至於十善，亦當遵守。十善者，不殺生，不偷盜，不邪淫，是為身三業。不妄言，不綺語、不兩舌、不惡口，是為口四業。不慳貪，不瞋恚，不邪見，是為意三業。若持而不犯，則為十善。若犯而不持，則為十惡。十惡分上中下，感地獄、餓鬼、畜生，三惡道身。十善分上中下，感天、人、阿修羅，三善道身。善因感善果，惡因感惡果，決定無疑，莫之或爽，此十善。總該一切善法，若能遵行，無惡不斷，無善不修。汝輩既皈依受戒，全須遵守。又須一心念佛，求生西方，不可疏忽。若不介意，及至臨終，方感為緊要，而業風所飄，不得自主，悔無及矣。學佛之人，於三皈、五戒、十善諸義，既已明瞭，當竭力敦倫盡分，閑邪存誠，諸惡莫作，眾善奉行。

尤當注意者，任作何事，須憑天理良心。如作醫生，有良心者，救人危急，當可大積陰功。無良心者，可使人輕病轉重，從中漁利，良心喪盡，定得惡果。清蘇州孝廉曹錦濤，精於岐黃，任何險證，無不著手回春。一日，欲出門，忽明一貧婦跪門外，泣求為其姑醫病。謂家道貧寒，難請他醫，聞公慈悲為懷，定可枉駕為治，曹公遂為往治。曹公歸後，貧婦之姑枕下，白銀五兩，不知去向，想為曹公偷去。婦登門詢之，曹公即如數與之。貧婦歸，其姑已將銀取出，婦大慚愧，復將銀送還謝罪。問：「公何以自誣盜銀？」曹公曰：「我欲汝姑病速好耳，我若不認，汝姑必定著急加病，或致難好。故只期汝姑病好，不怕人說我盜銀也。」其居心之忠厚，可謂至極無加矣。所以公生三子，長為御醫，壽八十餘，家致大富；次為翰林，官至藩臺；三亦翰林，博通經史，專志著述。孫曾林立，多有達者。彼唯利是圖之醫，縱不滅門絕戶，則已微之微矣。「易」曰：「積善之家必有餘慶，積不善之家，必有餘殃。」所謂餘慶餘殃，乃報在子孫者；本慶本殃，乃報在本身者。餘慶餘殃，人可見之；本慶本殃，乃己於現生，及來生後世所享受者；世人不能見之，天地鬼神佛菩薩，固一一洞之洞見也。須知本慶本殃，較之餘慶餘殃，大百千萬倍。故望世人努力修持，以期獲慶而除殃也。曹公甘受盜名，救人性命，而善報在於子孫。若自己更能替子孫念佛，求三寶加被，令子孫亦各吃素念佛，善報當在西方矣！

汝輩既已皈依，當虔受三皈，為翻邪歸正之本。謹持五戒，為斷惡修善之源。奉行十善，為清淨身口意三業之根。從諸惡莫作，眾善奉行。三業既淨，然後可以遵修道品，了生脫死，得預極樂嘉會。善惡因果，如影隨形，莫之或爽。實行其事，實得其益。若沽名釣譽，好作狂言，自欺欺人，自謂已得佛道，是大妄語，應受惡報。修行人須心地光明，三業清淨，功德無量。《佛說觀無量壽佛經講記》云：「教養父母，奉事師長，慈心不殺，修十善業，是為三世諸佛淨業正因。」放下屠刀，立地成佛，有為者亦若是，願各勉旃。

附：老法師由上海回至靈巖開示法語

靈巖：乃天造地設之聖道場地。吳王夫差不德，不依乃祖太王、泰伯、仲雍，正心誠意，勤政愛民之道；唯以淫樂是務，遂於此築館娃之宮，其獲罪於天地祖宗也大矣！宮成數年，國亡身死，可不哀哉！至晉，司空陸玩築室其上，後聞佛法，遂捨宅為寺，此靈巖最初開山之緣起也。至梁，而寶誌公祈武帝又為重興。智積菩薩，屢以現身畫像，顯示道妙，引導迷俗。至唐，宰相陸象先（蘇州人）之弟，病於京師，國醫無效。一僧求見云能治，令取淨水一盞，向之念咒幾句，含水噀之，立即痊癒。謝以諸物皆不受。曰：「我名智積。汝後回蘇，當往靈巖山會我。」後其人至山問之，無有名智積者，心甚惆悵。遍觀各殿堂，見壁間畫像，乃為己治病之僧也，因特建智積殿，而寺復中興。自晉至唐，所有住持，皆不可考。至宋，而凡為此山住持者，皆宗門出格大老；靈巖道場，遂為江蘇之冠，以地靈故人傑，以人傑故地靈也。明末清初，又復大興，聖祖高宗兩朝，數次南巡，皆駐蹕山上行宮。洪楊之亂，焚燬殆盡。後念誠大師，住塔洞中，適彭宮保玉麟公遊山相見，因為查出田地六百多畝，蓋十餘間殿堂房舍。至宣統三年，住持道明，係軍人出家，性粗暴，因失衣打來人過甚；山下人起鬨，道明逃走，寺中什物均被搬空，成一無人之寺。此即靈巖道場復興之機，否則，縱能恪守清規，亦絕不能成此全國僅有之淨業道場。禍福互相倚伏，唯在人之善用心與否耳。

嗣由木瀆紳士嚴良燦公，命寶藏僧明煦，請其師真達和尚接管。真師派人往接，並命明煦暫為料理，意欲有合宜人，當作十方專修淨土道場。民十五年，戒塵法師來，遂交彼住持。住僧以二十人為額，除租金數百圓外，不足，則真師津貼。不募緣，不做會，不傳法，不收徒，不講經，不傳戒，不應酬經懺。專一念佛，每日與普通打七功課同。住持無論台賢濟洞均可，祇論次數，不論代數。但取戒行精嚴，教理明白，深信淨土者即可。若其他皆優，而不專注淨土者，則絕不可請。自後住人日多，房屋不足；於二十一年，首先建念佛堂，四五年來，相繼建築。今天雄殿已落成，祇欠天王殿未建，然亦不關要緊。

光於十九年二月來此，四月即入關，已六年多矣。以老而無能，擬老死關中。因佛教會諸公之請，祈於護國息災會中，每日說一次開示，發揮三世因果，六道輪迴之理，提倡信願念佛，即生了脫之法，以挽救世道人心。固辭不獲，遂於本月初六日出關往滬，以盡我護國之義務。十五日圓滿，十六日為說三歸五戒。今晨由滬徑來此間，而蘇垣季聖一等諸居士皆先來。至山，見其殿宇巍峨，僧眾清穆，不禁歡喜之至。茲由監院妙真大師請來堂中，為諸位演說淨土法要。若但說法要，不敘來歷，及現在各因緣，則往者來者，均莫知其所以然，或致於此道場與他道場一目視之。在大通家則無所不可，在愚鈍如光，又欲即生出此三界，登彼九蓮者，則莫知趣向，故先為敘述緣起焉。（此段記者未錄，乃老人補記，故全用文言。）

我們所修持的這個淨土法門，是最殊勝超絕的，大家不要輕視了。為什麼呢？因為佛所說的種種法門，無非是觀機而說，好比對症下藥一般。如果自己的根機，和這個法門不相應，修起來，是很難得益的。一切法門，皆仗自力修戒定慧，斷貪瞋癡，必須惑業淨盡，方能了生脫死。或者煩惱尚有一毫未斷盡的。生死還是不能免，況全未斷者乎？這是要用自己的力量去幹到徹底才可。

唯有念佛一法，是如來普應群機而說的，亦是阿彌陀佛的大悲願力所成就的。無論上中下根，皆可修學。即煩惱惑業完全絲毫未斷的凡夫，只要具足真信切願實行念佛求生西方，亦可蒙佛接引，帶業往生。一得往生，生死就可了脫了；所以說是最超勝的。

佛在世的時候，十個人修行，就有九個可以成道。因為那時的人，天性淳厚，根機是很猛利的；到了後來，眾生的業障障逐漸增加，根機也就漸漸的陋劣下來，再要和從前一樣，是不可得了。然在晉唐時候，還有這種仗自力可以了脫生死的人，但已是逐漸減少，越後越少的。

到了現在，已沒有這樣的人了。如此看來，就曉得仗自己的力量去斷煩惱了生死，是一件很難的事情。此時如仍不自量力，要說大話，輕視這個念佛橫超法門，而去別修其他法門，那恐怕要了生死，就比登天還要更難了。

我並非說其他的法門不好，實在是因為法門有契理不契機，有契機不契理的。唯有這個念佛法門，三根普被，利鈍全收，理機雙契，不可思議。尤其是在末法世中，更為適合眾生的根性。所以《大集經》云：「末法億億人修行，罕一得道，唯依念佛，得度生死。」

為什麼念佛求生西方，叫做橫超法門？古人有個譬喻，拿來解釋，就我們具足惑業的凡夫，比做一條蟲，生在一根竹裡最下的一節。這根竹子，就比做三界；這個蟲子，要想出來，祇有兩個法子，一個是豎出的，一個是橫超的。豎出的，是自下至上，一節一節的次第咬破，等到最上的一節咬破了，才能夠出來。這是比修別的法門，定要斷盡見思煩惱，才能出三界的。見惑有八十八使，思惑有八十一品，這許多的品數，就比做一根竹子的節數。那蟲向上直鑽出來，就叫做豎出。例如一個斷見惑的初果聖人，要經過七生天上，七生人間的長久時劫修習，才能證阿羅漢，了生死。二果，亦要一生天上，一反人間，才能證四果。三果，欲界思惑已盡，還要在五不還天，漸次修習，才能斷盡思惑證四果。這才算是出三界的無學聖人。如果是鈍根的三果，還要生到四空天，從空無邊處天，以至非非想處天，才能證四果。這豎出的法子，是如此艱難久遠的。橫超的，就是這條蟲子，不向上面一節一節咬，只向旁邊咬一孔，便能出來。這樣的法子，比那豎出的，是省事得多了。念佛的人，亦復如是。雖沒把見思煩惱斷除，但能具足信願行的淨土三資糧，臨終就能感動阿彌陀佛來接引他生到極樂世界去，到了這個清淨國土，見思煩惱，不斷而自斷了。何以故？以淨土境勝緣強，無令人生煩惱的境緣故。如此便得三不退，一直到破塵沙無明，成就無上菩提，何等直捷簡易的事！所以古人說，餘門學道，如蟻子上于高山。念佛往生，似風帆揚于順水。今且拿一段故事來證明這個豎出艱難的道理，大家且靜聽聽。

唐朝代宗大曆年間，有個隱士，叫做李源，捨宅為慧林寺，請圓澤禪師為住持。後李源想要去四川朝峨嵋山，因約圓澤同去。圓澤欲由長安經斜谷，陸道去，李源要自荊州入峽，由水道去。兩人意見不同，各有所以。李源不知圓澤之事，圓澤了知李源之心，恐到長安，人或疑伊想做官，便由荊州去。一天乘船到了南浦地方，因灘河危險，天未暮即停舟。那時有一婦人，身穿錦背心，負罌而汲，圓澤一見了他，便俛首兩眼流淚。李源問道：「自荊州以上，像這樣的婦人，不知有多少，為什麼生此悲感？」圓澤道：「我不欲從此路來者，就是怕逢此婦人。因為她懷孕三年，還未分娩，就是候我來投胎。現在見了，已是無法可避了。請君少住幾日，助我速生，及葬吾山谷，三天之後，請來看我，我就對君一笑，以為憑信。十二年後，中秋月夜，到杭州天竺寺外會我。」說完了，就更衣沐浴，坐脫去了。李源後悔無及，只得把圓澤葬了。三天之後，就到那家去看，果然婦生男孩。因把詳清告訴她，並要求和小孩見面，果然一笑為信。李源因茲事無意往川，便回洛京。及回到慧林寺，才曉得圓澤在未行之先，已經把後事都囑咐好了，因此越曉得他不是平常人。過了十二年，李源就如約去杭州，到中秋月夜，就在天竺寺外等候。果然月光之下，忽聞葛洪井畔，有牧童騎牛唱道：「三生石上舊精魂，賞月吟風不要論，慚愧情人遠相訪，此身雖易性常存。」李源就曉得是圓澤的後身，就上前問道：「澤公健否？」牧童答曰：「李公真信士也。」便略敘數語。又唱道：「身前身後事茫茫，欲話因緣恐斷腸，吳越江山遊已遍，卻回煙棹上瞿塘。」遂乘牛而去。如是看來，能曉得過去未來，和有坐脫立亡本領的圓澤，還不能了脫生死，逃避胞胎，何況我們具縛凡夫，一點本事也沒有，如果不念佛求生西方，要想了生死，是做夢亦做不到的。

有人說，禪宗明心見性，見性成佛的道理，不是很好嗎？殊不知見性成佛，是見到自性天真的佛，叫做成佛，並非是成福慧圓滿的究竟佛。為什麼呢？因為宗門下的人，工夫用到開悟的時候，就知道他自己的真性，原來是和佛一樣，所以叫做見性成佛。但他的粗細煩惱，絲毫尚未斷，不過能常自覺照，伏住煩惱，舉動就和聖人相近。假使是失了覺照的工夫，伏不住煩惱，那造起業來，比他人更要厲害。因為他的煩惱裡頭，有開悟的力量夾雜著，就變做狂慧，所以造業的能力，也異常的猖獗。這樣不但沒有成佛的希望，而且還要墮落三惡道。所以已經開悟的人，更要加工進修，時時覺照。等到見思煩惱斷盡了，方是了生死的時候，並非一悟便了。類如前朝的五祖戒，和草堂青禪師，因為悟後未證，仍不免輪迴之苦。覆轍昭然，是不可不知的。若說真成佛，更加差得很遠了。

福慧圓滿的究竟佛，是怎樣成呢？據台宗來說，一個斷井見思惑的圓教七信菩薩，修到十信的時候，才把塵沙破盡。再經過十住、十行、十回向、十地等覺的四十一個位次，每破一品無明，就升進一個位次，得一分三德祕藏，這樣次第，到了最後的等覺地位，才把四十一品無明斷盡。再斷一品無明，再進一位，才能成就福慧圓滿的究竟佛。像這樣子，的確不是輕易的事情。大家曉得這個道理，就不會誤解了。

又有人說，我們各人的自信，本來是一塵不染，清淨湛然，就是淨土。自性本來不生不滅，亙古亙今，不遷不變，就是無量壽。自性本來具有大智慧光明，照天照地，就是無量光。如果離了這個本有的自性，另外要有個淨土可生，阿彌陀佛可見，那就是頭上安頭，無有是處。並且認為這樣，就是禪淨雙修的道理，亦是錯的。因為這樣的話，完全是偏於禪宗，對淨宗是完全不適用的。何以見得？因為禪宗是不教人生信發願，也不教人念佛，只教人參究話頭，求明心見性。就說是離了自信，沒有淨土可生，彌陀可見。話雖不錯，但終是偏於理性的見解，不能和事相融通，亦就和事理無礙的淨宗隔別，所以說不是禪淨雙修。修淨土人，專以信願行三法為宗，大家要明白的。

還有密宗即身成佛的話，縱然聽起來是如此動人，但是事實上，並沒有如此快便。即身成佛的意義，是說密宗工夫修到成功的時候，現身就可成道。然而這樣成道，不過是了生死而已，勉強說做成佛，或亦可以，如果是真的當做成了五住究盡，二死永亡的佛，那就大錯特錯了。譬如一個小孩子，剃下頭髮，人人就叫他名和尚；或是受了三壇大戒的比丘，亦叫他為和尚；或是在叢林裡頭做方丈的，亦是叫做和尚。但加上的和尚，勉強亦可說得，如果是當做真的和尚，亦是不對的。就事實來講，是要有道德學問的，能夠有使人生長法身慧命的力量，才算是名副其實的和尚。

要知道我們這個世界，在釋迦牟尼佛的佛法當中，只有釋迦牟尼佛一人是即身成佛。再要到了彌勒佛下生的時候，才可算又是一尊即身成佛的佛。在這個釋迦滅後，彌勒未來的中間，要再覓個即身成佛的，無論如何，亦是不可得的。即使禪尊重來應世，亦無示現即身成佛的道理。

在前清康熙乾隆年間，西藏的活佛，到臨終的時候，能曉得死後要去那家投胎，叫弟子們到時去接他。而且出胎時候，亦能說他是某某地方的活佛。然而雖有這樣本事，也還不是即身成佛。何以知道呢？因為如果真是即身成佛的，自然能像釋迦牟尼佛那樣的，能說各種方言，一音說法，亦能令一切眾生皆能會得。何以西藏的活佛，中國的語言他就不懂呢？如此一件小事，就可證明他不是即身成佛了。何況後來的活佛，死時亦無遺言，生時亦無表示，都是由人安排，拈鬮而定的，那更是不必說了。

又修密宗的工夫，要成功，也是很不容易。如專求神通速效，不善用心，且還有遭遇魔事的危險，還不如念佛的來得隱當。民國十七年，上海有一皈依弟子，請我到他家吃齋，便說他家有個親眷，是學佛多年的女居士，學問亦很好，已有五十多歲了，可否叫他來談談。我說可以的，於是就叫他來。等到見面的時候，我就對他說：「年紀大了，趕快要念佛求生西方。」他答道：「我不求生西方，我要生娑婆世界。」我便回答他道：「汝的志向太下劣了。」他又云：「我要即身成佛。」我又回答他道：「汝的志向太高尚了。何以那個清淨世界，不肯往生，偏要生在此濁惡的世界？」要知道，即身成佛的道理是有的，可是現在沒有這樣的人，亦非汝我可以做得到的事。像這樣不明道理的女居士，竟毫不自量的口出大言，實在是自誤誤人的。

還有兩個要求生華藏世界的人，有一天，那個害了毛病，這個就去看他。後來因見他病勢不對，就趕緊的叫他「念南無大方廣佛華嚴經」、「華嚴海會佛菩薩」；大家亦在旁邊助他念，過了一刻，就問他看見什麼境界沒有。他答道：「沒有。」這樣的問過兩三次，都說沒有。到了最後一次，他就說道：「孃來了。」唉呀！這個問他的，才曉得他們如此靠不住了。因為在他的心裡，以為念這樣的佛號，和這樣的希求，應當要看見華嚴世界才對，為什麼反見孃來的陰間境界呢？自此以後，他才回頭來修淨土法門了。要曉得華嚴世界，是要分破無明的法身大士，才能見得生得的。其餘就是斷盡塵沙的菩薩，亦沒有分的，何況是具縛凡夫呢？就是華嚴會上，已證等覺的善財童子，普賢菩薩，還教他和華嚴海眾，以十大願王回向極樂，以期圓滿佛果。可知淨土法門，是無機不收的。所以我常說，九界眾生捨念佛法門，上無以圓成佛道；十方諸佛，捨念佛法門，下無以普度群萌，就是這個緣故。譬如天下的人，個個都要吃飯，亦個個都要念佛的。

奉勸諸位，不要不自量力，打出格的妄想。總是老老實實的念佛求生西方，才不孤負如來說這個上成佛道，下化眾生，成始成終的總持法門。及不枉費十方聚會，在此靈巖清淨道場的殊勝因緣。望大家珍重！

《上海護國息災法會法語》鄧慧載記者記錄 上海出版 一九三六年

法師開示

念佛一事，最要在了生死。既為了生死，則生死之苦，自生厭心；西方之樂，自生欣心。如此則信願二法，當念圓具。再加以志誠懇切，如子憶母而念，則佛力、法力、自心信願功德力，三法圓彰，猶如杲日當空，縱有濃霜層冰，不久即化。

人之處世，一一須按當人本分，不可於分外妄生計慮。所謂君子思不出其位，又曰君子素其位而行。須知了生死，愚夫愚婦則易，以其心無異見故也。若通宗通教，能通身放下，做愚夫愚婦工夫，則亦易；否則通宗通教之高人，反不若愚夫愚婦之能帶業往生。淨土法門，以往生為主，隨緣隨分，專精其志，佛絕不欺人，否則求昇反墜，乃自誤耳，非佛咎也！

人身難得，中國難生，佛法難聞，生死難了。我等幸得人身，生中國，聞佛法，所不幸者，自愧業深障重，無力斷惑，速出三界，了生脫死耳。然又幸得聞我如來徹底悲心所說之大權巧、異方便，令博地凡夫帶業往生之淨土法門，實莫大之幸也。若非無量劫來深植善根，何能聞此不思議法，頓生真信，發願求生乎。

念佛一法，重在信願；信願真切，雖未能心中清淨，亦得往生，何以故？以志心念佛為能感，故致彌陀即能應耳。如江海中水，未能了無動相，但無狂風巨浪，則中天明月，即得了了影現矣。感應道交如母子相憶。彼專重自力，不仗佛力者，由不知此義故也。

念佛雖貴心念，亦不可廢口誦；以身口意三，互相資助。若心能憶念，身不禮敬，口不持誦，亦難得益。世之舉物者，尚須以聲相助，況欲攝心以證三昧者乎？所以《大集經》云：「大念見大佛，小念見小佛」。古德謂大聲念，則所見之佛身大；小聲念，則所見之佛身小耳。而具縛凡夫心多昏散，若不假身口禮誦之力，則欲得一心，末由也已。

貪瞋癡心人人皆有，若知彼是病，則其勢便難熾盛。譬如賊入人家，家中主人若認做家中人，則全家珍寶皆被彼偷竊淨盡；若知是賊，不許彼在自家中停留一刻，必須令其遠去淨盡，庶財寶不失，而主人安泰矣。古德云：「不怕念起，只怕覺遲。」貪瞋癡一起，立即覺了，則立即消滅矣。若以貪瞋癡為自家正主，則如認賊為子，其家財寶必致消散矣。

念佛之人必須事事常存忠恕，心心提防惡慾。知過必改，見義勇為，方與佛合。如是之人，決定往生；若不如是，則與佛相反，絕難感通。

凡人改過遷善，並修淨業，唯貴真誠，最忌虛假；不可外揚行善修行之名，內存不忠不恕之心。蘧伯玉行年五十，而知四十九年之非。如此，方可希聖希賢，學佛學祖；為名教之功臣，作如來之真子，固不在窮達緇素上論也。

學道之人，居心立行必須質直中正，不可有絲毫偏私委曲之相。倘稍有偏曲，則如秤之定盤不準，秤諸物而輕重咸差；即鏡之體質不淨，照諸像而妍媸莫辨。差之毫釐，失之千里，展轉淆訛，莫之能止。故《楞嚴經》云：「十方如來，同一道故，出離生死，皆以直心。」心言直故，如是乃至終始地位，中間永無諸委曲相。「書」曰：「人心惟危，道心惟微，惟精惟一，允執厥中。」故知世出世間聖人，皆以質直中正本也。

為人子者，父母之德固宣表彰。其表彰之法，注重躬行，必須克己復禮、閑邪存誠、知過必改、見義勇為、明因識果、戒殺放生、諸惡莫作、眾善奉行、生信發願、持佛名號、自行化他，同生淨土。能如是者，人縱不知其父母之德，而以景仰其人之德，並景仰其父母祖宗之德；以為潛修已久，故有如是之令嗣。否則縱父母祖宗有懿德，人所共知，因其人不肖，必疑其父母祖宗雖有懿德，或復兼有隱惡。否則懿德之門，何為出此不肖之子孫耶？是以知立身行道，即為表彰父母祖宗之德。為人子者，宣如何主敬慎獨，躬行實踐，以期無忝所生也！

世有賢母，方有賢人。古昔聖母從事胎教，蓋鈞陶於稟質之初，而必期其習與性成也。世以太太稱女人者，蓋以太姜、太任、太姒三聖女，各能相夫教子，以開八百年之王業者，用稱其人焉。余常謂治國平天下之權，女人家操得一大半。又常謂教女為齊國治國之本者，蓋指克盡婦道、相夫教子而言也。無如今之女流，多皆不守本分，妄欲攬政權，做大事，不知從家庭培植，正所謂聚萬國九州之鐵，也鑄不成此一箇大錯。以故世道人心愈趨愈下，天災人禍頻頻見告。雖屬眾生同分惡業所感，實由家庭失教所致。以故有天姿者，習為狂妄，狎於頑愚。使各得賢母以鈞陶之，則人人皆可為善士，窮則獨善，遠則兼善，夫何至上無道揆，下無法守，弊竇百出，民不聊生乎哉？

戒殺誡說

有諸善信提倡放生，護惜物命，冀挽殺劫。其不諒者乃致詰曰：「鰥寡孤獨，貧窮患難，所在皆有，何不周濟？而乃汲汲於不相關涉之異類？其緩急輕重，不亦倒置乎哉！」答曰：「子未知如來教人戒殺放生之所以也。夫人物雖異，佛性原同。彼以惡業淪於異類，我以善業幸得人身。若不加憫恤，恣情食噉，一旦我福或盡，彼罪或畢，難免從頭償還，充彼口腹。須知刀兵大劫，皆宿世之殺業所感。若無殺業，縱身遇賊寇，當起善心，不加誅戮。又況瘟疫水火諸災橫事，戒殺放生者絕少遭逢。是知護生原屬護自，戒殺可免天殺、神鬼殺、盜賊殺、未來怨怨相報殺。鰥寡孤獨，貧窮患難，亦當隨分隨力以行周濟，豈戒殺放生之人絕不作此項功德乎？鰥寡等雖深可矜憫，尚未至於死地；物則不行救贖，立見登鼎俎以充口腹矣！」

又曰：「物類無盡，能放幾何？」答曰：「須知放生一事，實為發起同人普護物命之最勝善心。企其體貼放之之意，中心惻然，不忍食噉。既不食噉，則捕者便息。庶水陸空行一切物類，自在飛走游泳於自所行境，則成不放之普放，非所謂以天下而為池乎！縱不能人各如是，而一人不忍食肉，則無量水陸生命，得免殺戮，況不止一人乎？又為現在未來一切同人斷鰥寡孤獨、貧窮患難之因，作長壽無病、富貴安樂、父子團圝、夫妻偕老之緣。正所以預行周濟，令未來生生世世永不遭鰥寡等苦，長享受壽富等樂，非所謂罄域中而蒙福乎？何可漠然置之？子審思之！戒殺放生畢竟是汲汲為人，抑止汲汲為物，而緩急輕重倒置乎？」

天地之大德曰生，如來之大道曰慈。人物雖異，心性是同。舉凡三乘六凡，如來視之皆如一子。何以故？以其皆具佛性，皆堪成佛故。三乘且置。六凡：天人、阿修羅、畜生、鬼、地獄，雖則高下懸殊，苦樂迥異，總皆未斷惑業，未出生死，天福若盡，即便下降；獄罪若滅，仍復上昇，猶如車輪，互為高下。

我今幸得人身，理宜委曲設法，護惜物命，體天地好生之德，全吾心惻隱之仁。良以諸物與我同生於天地之間，同受天地之化育，而且同知貪生、同知畏死。仁人於枯骨，尚且掩而埋之；於草木，尚且方長不折；況肯為悅我口腹，令水陸諸物受刀砧烹煮之苦哉？須知此等諸物，從無始來亦曾高居尊位、威權赫奕；不知借威權以培德，反致仗威權以造業，竟使惡業叢集，墮於異類。口不能言，心無智慮，身無技術，以罹此難。雖弱肉強食，於事則得，而怨恨所結，能無生生世世圖報此怨之念乎？人縱不念諸物被殺之苦，獨不懼怨業深結，常被彼殺乎？又懼殘害天物，天將奪我福壽乎？人唯欲眷屬團聚，壽命延長，身心安樂，諸緣如意；正應發大悲心，行放生業，使天地鬼神悉皆愍我愛物之誠，則向之所欲，當可即得。若仗我有錢財，我有智力，設種種法，掩取諸物，以取悅我口腹；不計彼之痛苦，尚得謂與天地並立為三之人矣乎？然我與彼等同在生死，從無始來，彼固各個為我之父母兄弟、妻妾子女，我亦各個皆為彼之父母兄弟、妻妾子女。

彼固各個或於人中，或於異類，皆被我殺；我亦各個或於人中，或於異類，皆被彼所殺。

為親為怨，相生相殺，靜言思之，愧不欲生。急急改圖尚悔其遲，況肯蹈常襲故，仍執迷情，以為天生異類，原為供人食料乎？

《印光法師文抄》上冊、下冊開示書信摘錄

一切念佛人往生及不往生之證據

如來一代時教，所說一切法門，皆令眾生修戒定慧，斷貪瞋癡，了幻妄之生死，證真常之性者。然眾生根有利鈍，惑有厚薄。根利惑薄者，或可即生了生死，或二三四五了生死；根鈍惑厚者，十百千萬生，或十百千萬劫，猶不能了。此係依通途教理修持而論，乃仗自己修戒、定、慧力，斷盡貪、瞋、癡煩惑者。其難也，難如登天。任汝見地高、工夫深、功德大、智慧大，若三界內見思惑未盡，絕不能出三界外，以了生死。唯念佛法門，全仗阿彌陀佛大慈悲願力，若具真信切願，至誠懇切念佛名號，求生西方者，無論根之利鈍、惑之厚薄，皆可於現生臨命終時，蒙佛慈力。親垂接引，往生西方。既往生已，見思煩惱，不斷而斷。以西方極樂世界境緣殊勝，一一皆能增長人之功德智慧，級無令人起貪瞋癡者。此如來一代時教中之特別法門。以得以通途教理而論，世有深通宗教，不信淨土法門者，蓋以通途教理論特別法門也，使彼知是特別法門，則自行化他，莫敢或違矣。

張福泉嬸母劉氏，生性淳篤，是其宿根。及病而信福泉宗淨等所說而念佛，又加家人助念，故得吉祥而逝，面色轉勝於前。逾十四時，通身冷透，頂猶溫暖；肢體柔軟，蠅不至室等瑞相。按《大集經》說臨終徵驗偈云：「頂聖眼天生，人心餓鬼腹，畜生膝蓋離，地獄腳板出。」以人將死時，熱氣從下至上者超升；從上至下者墮落。若通身冰冷，唯頂上熱者，必生西方入聖道；眼及額顱熱者，生天道；心熱者，生人道；腹熱者，生餓鬼道；膝蓋熱者，生畜生道；腳板熱者，生地獄道。

念佛之人，若是一心念佛，不念世間家業兒女，決定可以蒙佛慈力，接引往生。無論修持久近，乃至臨終始得善友開示，一心念佛，或止念上十聲即命終，亦得往生。以阿彌陀佛四十八願中，第十八願云：「若有眾生聞我名號，志心信樂求生我國，乃至十念，若不生者，不取正覺。」由此因緣，平素不念佛人，臨終善友開示，大家助念，亦可往生。常念佛人，臨終若被無知眷屬預為揩身換衣，及問諸事與哭泣等，由此因緣破壞正念，遂難往生。以故念佛之人，必須令家中眷屬平時皆念，則自己臨終，彼等均能助念。又因常說臨終助念之利益，及不得瞎張羅哭泣之禍害，便不至以孝心而致親仍受生死之大苦，乃得即生西方之大益也。

《印光法師文抄三編》卷下

FOR2 54
現代佛法十人——六

淨土宗的一代祖師　印光

系列主編　洪啟嵩、黃啟霖
責任編輯　Y.T.CHEN、Y.A. HUANG
校對　呂佳真、翁淑靜、吳瑞淑、郭盈秀
美術設計　林育鋒
內文排版　何萍萍、薛美惠、許慈力

出版　英屬蓋曼群島商網路與書股份有限公司台灣分公司
發行　大塊文化出版股份有限公司
台北市 105022 南京東路四段 25 號 11 樓
www.locuspublishing.com
TEL: (02)8712-3898　FAX: (02)8712-3897
讀者服務專線：0800-006689
郵撥帳號：18955675　戶名：大塊文化出版股份有限公司
法律顧問　董安丹律師、顧慕堯律師

總經銷　大和書報圖書股份有限公司
地址：新北市 24890 新莊區五工五路 2 號
TEL: (02)8990-2588　FAX: (02)2290-1658
製版　瑞豐實業股份有限公司

ISBN：978-626-95044-3-5
初版一刷：2021 年 11 月
定價：新台幣 380 元

淨土宗的一代祖師 印光 / 洪啟嵩 , 黃啟霖主編 . -- 初版 . -- 臺北市 : 英屬蓋曼群島商網路與書股份有限公司臺灣分公司出版 : 大塊文化出版股份有限公司發行 , 2021.11
面 ;　公分 . -- (For2 ; 54)(現代佛法十人)
ISBN 978-626-95044-3-5(平裝)
1. 釋印光 2. 學術思想 3. 佛教
220.9207　　110014042